同文書庫·厦門文獻系列 第三輯 肆

臥雲樓雜著

蘇逸雲·撰

厦门大学出版社
XIAMEN UNIVERSITY PRESS
国家一级出版社
全国百佳图书出版单位

图书在版编目(CIP)数据

卧云楼杂著/苏逸云撰. —厦门:厦门大学出版社,2018.9
(同文书库. 厦门文献系列. 第三辑)
ISBN 978-7-5615-6988-7

Ⅰ. ①卧… Ⅱ. ①苏… Ⅲ. ①杂著—中国—现代—选集 Ⅳ. ①Z429.6

中国版本图书馆 CIP 数据核字(2018)第 196332 号

出 版 人 郑文礼
责任编辑 薛鹏志 章木良
封面设计 李嘉彬
技术编辑 朱 楷

出版发行 厦门大学出版社
社 址 厦门市软件园二期望海路 39 号
邮政编码 361008
总 编 办 0592-2182177 0592-2181406(传真)
营销中心 0592-2184458 0592-2181365
网 址 http://www.xmupress.com
邮 箱 xmupress@126.com
印 刷 厦门集大印刷厂

开本 787 mm×1 092 mm 1/16
印张 13
插页 4
字数 180 千字
版次 2018 年 9 月第 1 版
印次 2018 年 9 月第 1 次印刷
定价 160.00 元

本书如有印装质量问题请直接寄承印厂调换

厦门大学出版社
微信二维码

厦门大学出版社
微博二维码

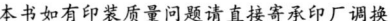

蘇逸雲（一八七八—一九五八），号卧雲居士，福建龍岩人。清末被選為省咨議局議員
一九一三年出任光澤县知事四年，一九一六年，北京重開國會，他遞序任职，一九一七年，回省任省
長公署机要秘書。受聘為龍岩县志总纂。一九二三年被推為龍岩县知事，任职十个月。一九二六年
任省立九中校長。一九三八年舉家移居鼓浪屿。抗战爆发后南渡新加坡，任职《星洲日報》，
一九五八年在檳城逝世。著有《卧云楼笔记》等。丙申冬周旻作於廈門

·蘇逸雲（國畫　周旻作）

目錄

前言

《臥雲樓雜著》是民國時期旅居鼓浪嶼的龍巖人蘇逸雲所撰部分詩文和筆記的合集，庚寅年（一九五〇）在香港刊印。此書有關厦門的内容較多，頗具地方文獻史料價值，但因係作者私印，流傳不廣，中國國家圖書館以及厦門市圖書館、厦門大學圖書館均未著録。現據私人收藏本影印出版。

一

蘇逸雲（一八七八——一九五八），又名壽喬，號臥雲居士，福建龍巖東城社興村人。據地方記載，其『幼時敏而好學』，曾考取秀才（政協龍巖市委員會編：《龍巖文史資料》，第十六輯，第八八頁）。清光緒三十二年（一九〇六）科舉被廢，就學於福建省師範學堂。清末，被選為省咨議局議員。民國元年（一九一二），出任光澤縣知事，民國五年（一九一六），袁世凱稱帝而失敗並因之去世，黎元洪就任總統；段祺瑞政府成立，北京重開國會，蘇逸雲進京並被聘為衆議院秘書。民國六年（一九一七），屬於北洋軍閥系統的福建督軍李厚基，驅逐省長胡瑞霖而自代，蘇逸雲回省任省長公署機要秘書。民國八年（一九一九）後，任省立第九中學（龍巖中學堂）教員，並受聘為《龍巖縣誌》總纂。一九二二年被推為龍巖縣知事，任職十個月。一九二六年，繼魏夢雲之後，曾任省立九中校長。民國十七年（一九二八），閩西土地革命前夕，賣田鬻產，舉家移居廈門鼓浪嶼，其間在廈門海軍司令部督辦的堤工處擔任秘書。『七七事變起，廈市淪陷矣。為避地計，由鼓嶼之香江，之星島，之檳城。』（蘇逸雲：《臥雲樓筆記續刊・自序》，見《臥雲樓筆記》，廈門大學出版社二〇一七年版，第三七三頁）在南渡新加坡期間，曾任《星洲日報》內星系八家報館聯合辦事處坐辦。民國三十六年（一九四七）五月回國，其間任《廈門市志》總纂。民國三十八年（一九四八）四月去香港，後往檳城，住女兒家養老，一九五八年在檳城逝世。（龍巖市地方誌編纂委員會編：《龍巖市誌》，中國科學技術出版社一九九三年版，第八五九—八六〇頁）

二

蘇逸雲著作頗豐，除本集外，有《讀左臆說》《臥雲樓筆記》《臥雲樓餘審》等。其中，《臥雲樓筆記》已收錄在『同文書庫・廈門文獻系列』第二輯中，二〇一七年由廈門大學出版社影印出版。

此集《臥雲樓雜著》，據作者開篇自敍中說，是為『將以報命』而作。所報何人之命？其先考之命。寫此自敍，時在庚寅即一九五〇年，作者已七十三歲，其先人早已作古，以是自愧『持覆瓿之書，作趨庭之對，雖曰報命，實無可報也』。（為節省篇幅，以下凡引本書內容只註卷數和篇名）

全書共分六卷。卷一為《論史》，包括《讀縱囚論》《讀蘇軾留侯論》等五篇文章。另有《歷代帝王論》，包括《漢昭帝論》《曹操論》等八篇短文。在第五篇《王旦受美珠論》後，作者附言：『余平生論史不下數百篇，喪亂後僅得此，故亟登諸編。』說明作者之前所擬此類文稿尚有多篇，而多數在戰亂中遺失不存。在第六篇《歷代帝王論》篇首，也有作者附言：『余蚤年讀通鑒，歷代帝王，繫以小論，便記憶也。起秦始皇，迄明懷宗，閱年餘始成。饑驅出門，稿藏於家，為兒輩塗鴉殆盡。歸檢舊篋，可認識者僅三小冊。錄數篇於此，非以其可存也，誌當年之困學耳。』此類論人論史類似讀書筆記文稿的寫作，是科舉時代讀書人習見的讀書學習方式。因其緊跟八股制藝的文體，就少有個人的創見。今天看來，當然會覺其迂遠疏闊，但在當時，可能就跟人的學習、就業相關聯。如此卷第三篇為《唐明皇以詩書賜吐蕃論》，據《萇楚齋隨筆》一書記載，清末時為天津審判研究所監督的唐寶鍔，為天津審判研究所招生考試的出題，即為『唐明皇以詩書賜吐蕃論』。（劉聲木：《萇楚齋隨筆・四筆》，中華書局一九九八年版，第七五六頁）可見此類文稿，也是因時而作。

卷二為《遊記》，有《虎丘紀遊》《出居庸關記》等八篇。作者有深厚的舊學根底，中年後壯遊北國南天，識見自有可觀之處。如《西湖紀略》中，『蘇小小墓在西泠橋側。夫蘇小一妓耳，而得與岳、于二少保共有千秋，固好事者為之耶，而英雄兒女，實足入後人之心，壯湖山之色。一則忠義奮發，令人肅然以敬；一則情致纏綿，令人悠然以思。有蒼松勁柏，不可無芳草幽花，點綴湖山，未許概以好事嗤之也。』將個人感情寄託於對古人的褒貶之中，其觀點不落別家窠臼。另如《京口遊記》，『淩雲一亭，眼界尤寬，獨坐片時，風帆上下，沙鳥飛鳴。遙看隔岸，雲樹微茫。極目江心，煙波縹緲；仰視太空，蒼蒼者遠而無極，而千里江聲，與寺中磬聲，復疏密相間，領略之餘，不復知有人間世也。』全篇行文簡潔，文詞優美，寫景狀物時有撩人心緒處。

卷三為《文存》，所收文章略顯龐雜。有學術研究類的《先秦諸子學術政治之思潮》《漢書儒林傳各經師傳受表（並說明）》，有屬哀挽哭悼之作的《西山修墓記》《章太夫人壽序》《哭弟文》，還包括《閩省民政之改革》《永言期刊敍》《厦市工程匯刊發刊詞》等應景之作。文章分類不一，但尚有可觀之處。如第一篇《先秦諸子學術政治之思潮》，從題目看，似非長篇大論不能説明問題。但本文只三千餘字，僅提及儒、墨、道、法四家，著眼於其在復古與反對復古上的理論分野。每論一家，三五百字，只舉其政治主張中犖犖大者而已，但聊聊數語，即點出其精神筋骨所在。如謂孟子是儒家『復古派之健將』，其『論治雖主復古，而讀書則未嘗信古也』。墨家理論的出處是以為儒家『其禮煩擾，傷生害事，糜財貧民，於是獨倡一教』，也頗有可採之處。《厦市工程匯刊發刊詞》一篇，其中提到，近年之來，『閩省糾紛，幾無建設之可言。惟此三十里海島，補苴罅漏，暫維現狀，乃得高談市政』，也透露出民國以來，福建因軍閥混戰，亂兵遍野，民不聊生，全省大局糜爛，建設無從談起，只有厦門尚能維持一方平靜，也可讓今天一窺當日厦門情景。

卷四為《詩存》，共收詩作三十五首，其中大多為作者外出宦遊時的應酬唱和之作。而任縣知事時的所見及所思，如《對雪吟》《老婦吟》幾首，其敍事議論的特點，饒有杜甫《三別》的味道。《老婦吟》寫一老年婦女有一不肖子，原本小康之家，由於『癖愛芙蓉』而『房屋田園都易主』，因屢教不改，前來縣長處『泣請拘子痛鞭笞』，終因愛子心切，『鞭臀未過百，老婦淚交垂』，真實記錄了當日鴉片煙毒對人民的危害之重。

卷五為《修志述略》，收有作者任民國《厦門市志》總纂為各條目所撰序言二十六則。民國時期，厦門曾多次組織撰寫厦門地方誌，但因時局動盪，均未能正式刊行。一九四八年年初，負責厦門市志編撰工作的厦門市文獻委員會決定再次編纂《厦門市志》，並聘請蘇逸雲為總纂，李禧、余少文、柯伯行、李伯端為分纂。歷經一年半的時間，完成民國《厦門市志》的初稿。但未及修改定稿，解放戰爭的炮火已延及厦門周邊，修志工作暫停，底稿存於厦門圖書館。後一直到一九九九年，經厦門市地方誌編纂委員會辦公室整理，這本民國《厦門市志》才得以正式出版。

整理後出版的民國《厦門市志》，條目有所增加。蘇逸雲原撰有『疆域序』等二十六條。現一九九九年版民國《厦門市志》中，增加為三十五條，卷二《氣象志》、卷四《山海志》、卷五《建置志》、卷六《交通志》、卷九《賦税志》、卷一〇《物產志》、卷一一《職官志》、卷一四《防海志》、卷三五《雜錄》，當是後人補寫。即便如蘇逸雲原撰的二十六條條目小序，在後來的整理中也稍有改動、增加。如『戶口序』中，最後加『有土有財之遺訓，茲益信矣』一句；『學校序』中，加『清代，仿前朝科舉制度，學校未興，書院即其代表也。迨清末，科舉廢，漸由書院而改變為學校。分術如下』；『實業序』後，加『厦島山童地瘠，農固不多，工以原料缺乏，不甚發展。市民視海如田，故漁業特盛。本編先漁業，次農，次工，商業殿焉，重本之意也』，等等，不一而足。根據該志編著過程看，李禧先生在後期編寫過程中用力居多，增改內容大多當是出自李禧先生的手筆。

本卷附有《厦市見聞錄》一篇，主要記述厦門市內白鶴嶺、萬壽巖諸地風景，薛令之、陳黯等歷史名人，及後曾經來厦文人呂世誼、蘇眇公、張際亮、楊雪滄等人事跡、在厦時詩作等，兼及當時社會傳聞遺事。如在清嘉慶、道光年間『負海內重名將三十年』的福建建寧愛國詩人張際亮（字亨甫），此卷即記有：『張亨甫曾寓厦，有觀海詩云：一氣遥連四大洲，誰能鐵索截中流。只如唐宋愁戎馬（原註：

前代邊患多在西北，至明中葉，東南夷始烈，天地自然氣數也），不數燕齊門火牛（原註：逆夷火器甚利，廈門遂無可扼之隘）。勇憶乘桴難泛宅，醉思請劍尚登樓。天風海日蒼茫裏，試問扶桑幾度秋。兩島能支半壁天，草雞長耳憶當年。伍胥潮汐仍終古，楊僕樓船自黯然。雲出鯤身橫海外，水浮鰲極動樽前。登臨儘有興亡感，鯨飲須同吸百川。』全詩氣韻流長，極顯雄壯之勢。查後人所編張際亮文集《思伯子堂詩文集》，載有該詩，但與蘇逸雲所見稍有不同，詩名改為《廈門白鹿洞觀海》，後一原註少『廈門遂無可扼之隘』一句，『登臨儘有興亡感』改為『登臨足有興亡感』，當是詩人後來有所斟酌而改寫（見張際亮著，王飆校點《思伯子堂詩文集》，上海古籍出版社二〇〇七年版，第一一二八頁）。蘇逸雲此類筆記性質的文字雖篇幅不長，但對了解廈門過去歷史、人事及文人創作較有價值。

卷六為《東山景物略》。東山，即作者故鄉龍巖東寶山，『東寶春雲』，為龍巖八景之一。蘇逸雲當年宦遊倦歸，在該處『修葺亭臺，有終焉之意』（《臥雲樓筆記》卷二，廈門大學出版社二〇一七年版，第一二〇頁）。山上築有一樓、一閣、二亭等，樓即取名為『臥雲樓』。作者曾說，『東寶山臥雲樓，予靈魂所系也』（《臥雲樓筆記》卷三，廈門大學出版社二〇一七年版，第一九七頁）。因時局動盪，作者此後在『變亂相尋』中只得四處流亡，而故鄉無日不在夢中，這也是作者多部作品取用『臥雲樓』這一名稱的由來。此卷輯錄有蘇逸雲及其在龍巖時有交往的朋友歌詠、記述東山景物的詩文三十餘首、篇，分為風景、題詠二節，多為當地文人間的唱和應酬之作。更有一篇『附記』署名『石遺』，應該是清末『同光體』閩派代表人物陳衍先生所作。作者蘇逸雲在『與山靈闊別亦忽忽十年』後輯錄此集，只因『無端悵觸，未免有情，因輯斯略，供臥遊也』（卷六弁言）。本節最後還附有『制藝』兩篇，題目分別是《天下惡乎定》《吾欲觀於轉附朝儛一節》，應該是作者早期為了應付科舉考試所作的練習。

本冊《附錄　蘇逸雲詩文輯補》爲厦門大學洪峻峰教授所輯。其中『臥雲樓詩存』一節，有蘇逸雲詩作二十六首，除《老婦吟》數首與卷四《詩存》相同外，其餘未見刊存。另有蘇逸雲為蘇眇公、李禧等人詩作所作序文五篇，及於一九三三年出版發行的《星洲日報四週年紀念刊・新福建》特輯之《厦門之新建設》一文，對了解作者創作、交往等均有所幫助。

與收入『同文書庫・厦門文獻系列』第二輯的《臥雲樓筆記》一書相較，本書對厦門的記述內容較多，這當然得益於蘇逸雲在厦門的經歷。作者任厦門堤工處秘書時間不長，但對厦門情況了解較多。收入本冊附錄的《厦門之新建設》一文，即對厦門當時情況有較深入的論述：『厦市改革困難之點，約有五端：地價奇貴，收買難；籍同作梗，交涉難；街名崎頂，灣度又多，施工難；上不支國帑，下不派民間，籌款難；規劃路線，動須遷就，實施計畫難。是談建設於厦門，實較他地為尤難。』本書中，卷三中的《厦市工程匯刊發刊詞》、卷五《修志述略》各節，均有涉及厦門歷史、人物等的記錄。特別是《修志述略》後附錄的《厦市見聞錄》一篇，對厦門歷史上一些知名人物、自然環境甚至鳥類、植物等都有記載，是難得的厦門地方資料。而其詩文，得自於作者深厚的舊學根基，大多行文簡潔而文詞優美。而多年來宦遊南北，其間飽覽各地風光，南方芳草幽花與北國大漠長河，多有所見，其詩文自有可讀之處。

李文泰

二〇一八年六月

卧雲樓雜著

拜遊之題

自叙

雜著胡為而刊乎曰將以報命也喬甫勝衣先考命就傅期其遠到洒蹉跎蹭蹬學不足以立功名事業復俱無成今垂垂老矣行見先人于地下予小子行能無似自審過程僅成筆記三集讀左肌說一小冊雜著六卷而已東坡句云慈顏如春風不見桃李實薄植如喬花且未著實於何有持覆瓿之書作趨庭之對雖曰報命實無可報也嗚呼媿矣

庚寅壽喬叙于九龍巢居室年七十三

卧雲樓雜著卷一

論史

讀縱囚論

蘇子讀縱囚論竟。曰，歐陽子之說辯矣。雖然，未得其真也。太宗之縱囚誠有之。囚人之來京亦或有之。謂三百九十人如期來。無一後者。則史氏增之也。。人所惡莫甚於死。囚幸縱矣。猶魚之脫網。鳥之出樊也。。稍縱即逝。物之情也。而謂太宗之德令人忘死。且均不後期。有是情乎。且太宗何如主也。殺建成元吉。納巢刺王妃。倫常之地。顯多慚德。在位僅七年耳。德化之神。既能使三百餘人不愛生而就死。。何不使三百餘人不犯法而為良民乎。。君民分至隔也。。兄弟父子情至親也。。齊王祐、漢王元昌、太子承乾、以謀反廢誅。魏王泰以奪嫡降貶。太宗嘗曰、我三子一弟所為如是。我心誠無聊賴。夫以無聊賴於子弟之人。。竟能神感化於死罪之犯。。是明不見輿薪而能察秋毫。力不勝匹雛而能舉百鈞也。有是理乎。然則縱囚之真相如何。曰，囚之來歸。或偶得少數。而史氏鋪張。遂謂如期皆來。歐陽子不察其虛。又以此事出情理之外。因謂其上下交相賊以成此名。太宗好名。。謂上賊下可矣。。囚人愛命。。謂下肯賊上以成虛名乎。。歐陽子之說。蓋已為史氏所囿矣。夫為言不益。則美不足稱。為文不溢。則事不足褒。論衡儒增篇云。儒者稱堯舜之德曰。天下太平。一人不刑。言成康之盛曰。刑錯不用四十餘年。夫一人不刑。何以誅四凶乎。。刑錯不用。。何以處四國之叛乎。。史稱太宗縱囚。。何以與承乾之獄乎。。嘗誦論衡儒增篇及書虛篇。頗有與余意合者。歐陽子不知史氏之增且虛。而第就事論事。故曰，未得其真也。

讀蘇軾留侯論

東坡之論留侯也。曰、子房不忍忿忿之心。以匹夫之力而逞於一擊之間。嗚呼，墮天下忠義之氣者。必此之言乎。良五世相韓。秦滅韓。秦固良之深仇也。徹家財。求力士。擊之而中。於願斯足。不幸而風蕭水寒。壯士不返。博浪之錐。與荊卿之劍。漸離之筑。自足鼎峙千秋。而曰，此忿忿之心也。無怪全軀保妻子之臣。不為玉碎。寧為瓦全矣。又曰，子房以蓋世才。不為伊尹太公之謀。而特出於荊軻聶政之計。斯言也。尤百思莫得其故。伊尹，太公，何人乎。非商周之良相乎。其所謀者何謀。非致太平之事業乎。良所處之時何時。國亡矣。君虜矣。即欲為伊尹太公。誰為成湯。誰為西伯。將於宗室中求之耶。已灰之燼不能復燃。將於草澤中物色之耶。神龍方蟄。蚯蚓同觀。於此而責以追蹤伊呂。媲美商周。此凶年勸食肉糜之說。無異責拯溺者以規行也。又曰，老人以子房才有餘。度量不足。故深折之。使之忍小忿而就大謀。其所謂深折者。取履耳。納履耳。忍取履納履之小忿。即可就攀龍附鳳之大謀。則世之奴膝婢顏。供人役使者。不皆在有忍乃濟之列乎。吾謂良後此之能忍。得力在於擊始皇之後。不在於遇老人之時。一擊不中。大索十日。蓬蓬勃勃之氣。為之挫縮。故其遇老人也。命取履則取之。命納履則納之。然後至則先之。孺子之所以可教。固在彼而不在此。向使狙擊未行。或擊而幸中。少年銳氣。如干將莫邪。大耀鋒鋩。不能忍亡國之辱者。頗能忍僕妾之役哉。至圯上老人。史記以為仙。卒授良書。曰，讀此則為王者師。東坡以為隱君子。其說較進矣。而不知皆非也。留侯所遇圯上之老人。。與淮陰所遇市上之少年等耳。。從來英雄失志之時。日暮途窮。江湖落拓。庸夫豎子。皆得易而侮之。故以無雙國士。不免俯首胯下。則此老人也。不過草野驕蹇之夫。因良弱而戲侮之耳。若以良之輔漢功成。全賴此書之受。則淮陰之登壇拜將。。市上少年亦曾以秘計傳之耶。。即如隱君子之說。視納履為聖賢警戒之義。。出袴又何非英雄磨勵之端。。老人為秦隱君子。。少年其秦隱童子耶。。吾有以知其必不然矣。。故曰，皆非也。

唐明皇以詩書賜吐蕃論

開元十九年、吐蕃遣使求書。裴光庭請與之。于休烈請勿與。二說相持。未知孰是。余曰、二子之言皆非也。其關係亦並不在書。試摘其言之謬誤。而後詳論其得失。烈之言曰、東平王、漢之懿親。求史記諸子。漢猶不與。蓋引此以甚予吐蕃之非計。夫東平王、漢之賢宗室也。其前後歸國。二帝手詔慰勞。親親之情。溢然言表。何有於求書而靳之。且明帝時，文治彬彬。羽林之士。悉通章句。匈奴聞之。遣子入學。不聞帝麾之辟雍門外，如光武之閉關謝使。而一時史臣反大書特書。傳為盛事。於異類則縱其入學。於懿親則靳以遺書。有是理耶。又曰、吐蕃、國之寇讎。今資之以書。使知權略。愈生變詐。此言尤非也。夫葩經闗風化之原。曲禮辨尊卑之數。春秋嚴亂賊之防。大義微言。昭垂來世。信如烈所云。聖經賢傳。幾同陰符韜略。專為後人變詐之資。曷怪乎秦始皇焚詩書以愚黔首。仇士良以不讀書愚其君。而自以為得計哉。烈言之謬。一至於此。庭之言曰、吐蕃新服。賜以詩書。庶漸陶聲教。化流無外。噫，此言亦何妄也。夫吐蕃自入寇松州以來。世為邊患。開元六年，甫經請和。迄十五年而有瓜州之陷。至是雖遣使入貢。蓋因渭源、青海之敗。又有石堡城之失。不得不以和款兵。而其隨服隨叛之故智。終未嘗忘。即遣使求書。亦豈真慕聖人之教哉。不過如迎書天竺。

聊快耳目所未經耳。而庭逖欲藉區區簡冊。重開王會之圖。廣啟同文之治。不其謬歟。或曰、二子之言固見謬誤。而明皇卒以書賜吐蕃。其得失何如也。余曰、此無關得失也。昔漢高初入關。諸將爭取財物。蕭何獨至丞相府收秦圖籍。說者謂漢王得天下。實係於此。詩書、天下之公義也。非有户口可稽。形勢可詳。情實可輸。較之圖籍。無所用其秘惜。與之。吐蕃不因此而强。不與。吐蕃亦不因此而弱。唐如念其新服。與之可也。怒其屢叛。不與亦可也。此何關得失哉。論者不察。有以賜書為是者。謂吐蕃世為邊患。自賜書後。唐無兵革之禍者近十年。不知吐蕃屢寇不利。故屈意請和。兩俱休息。非真詩書之澤有以寢其狡謀。不然、二十八年何以又有安戎城之寇也。有以賜書為非者。謂開元之世。每入輒創。自賜書後。至肅代間。每戰輒勝。不知前之每入輒創者。以勝勢在我也。後之每戰輒勝者。以内亂方興也。秦亂而匈奴大。隋亂而突厥雄。唐亂而吐蕃强。此皆時勢使然。豈果中國遺書有以生其權略耶。吾故曰、其關係並不在書。而二子之言則皆非也。

富弼争獻納二字論

余嘗讀富鄭公傳、至使契丹争獻納一事。未嘗不嘆曰、嗟乎。以公之忠。仁宗之聖。不能效唐太宗之擒頡利。而為漢高后之容冒頓。歲幣輸矣。區區之名。庸足争乎。及考當日時勢。知公之不圖契丹。徒以死拒二字者。非得已也。宋之時未可戰。契丹之勢未可乘也。何則、西夏為宋患。已歷三世矣。繼遷首謀。德明因之。至元昊僭號稱王。肆意無憚。自天聖六年、襲取甘州。未幾宋敗於延州矣。再敗於好水川矣。三敗於鎮戎軍矣。四五年間。惟保安軍之捷。差為振氣。夫一叛藩耳。以全盛之朝。合天下之力。而又以義兵臨之。宜其摧枯拉朽。不勞再駕。而反挫敗頻仍。信乎、兵事未可輕言。元昊實為心腹憂也。一旦不與歲幣。而有事契丹。元昊將乘機而截其後。則狼顧。即不然。契丹與西夏聯盟。宋伐契丹。西夏救之。宋伐西夏。契丹救之。成犄角之勢。結輔車之援。宋且自守不暇。況能進窺契丹乎。西夏之患不能除。即契丹之好不可絕。即每歲之幣不得不增。公籌之熟矣。以為爭歲幣。勢必出於戰。惟爭歲幣之名。尚可勉於和。此公之苦心。而限於宋之未可戰也。故曰、時為之也。契丹自後魏以來。名見中國。入宋世凶燄尤張。雖以太祖太宗之英武。尚不能制其死命。則真仁之朝。其出於和也亦無足怪。而論者每於澶淵白溝之盟。咎宋之自弱。夫澶淵一役。誠失事幾。若仁宗時、通好垂四十年。在我無進取之機。在彼無可乘之隙。今以求地故而並絕先朝歲幣。雖不至如景延廣之僨事。卒怒契丹而亡晉。而律以王恢馬邑之罪。在所難辭。故公對於割地可却。求婚可却。獻納可却。而歲幣必不敢絕。則勢為之也。時勢既未可圖。則公之爭此二字。誠無可議。所恨者、晏殊卒以納字許之耳。嗟呼、寇萊公澶州之策。可以無事百年。而王欽若之壞。富鄭公獻納之爭。亦可少全國體。而晏殊壞之。靖康之禍所由不旋踵而作也。雖然、真仁之時。契丹雖強。尚以兄禮事南朝。流及後季。稱兄不許。改而稱姪。稱姪不許。改而稱臣。陵夷愈極。虧體愈甚。從不聞有如公之慷慨力爭。挫奪虜人之氣者。余所以讀公傳又為之低徊不置云。

王旦受美珠論

宋真宗封禪之失。皆曰成於丁謂。天書之惑。皆曰成於杜鎬。余以為非也。真宗信重天書。非惑天書也。意在封禪也。封禪必先侈陳符瑞。故假天書一事以自欺者欺人。其說倡自王欽若。其失則成於王文正。或曰、封禪未議時。旦屢表請。帝猶未決。及詔丁謂問經費。謂曰、大計有餘。議遂定。成帝封禪之失者。非謂而何。天書一事。旦雖勉從。帝尚猶豫。迨鎬以神道設教之言進。帝意乃決。成帝天書之惑者。非鎬而何。余曰、不然。謂鎬微臣也。帝所親幸者也。旦大臣也。帝所信重者也。親幸則昵。信重則畏。帝初定議時。曰、王旦得毋不可。帝之畏旦可見。凡大臣奏請。必問曰、王旦以為何如。帝之以旦言為進退亦可見。為旦者。苟明大義。即當以愛君為心。不當與羣匪為此。於封禪則力戒其侈。於天書則真斥其誣。懃懃懇懇。至再至三。帝必少悟。即不悟。必不敢受書奉書。顯蹈漢武神仙之覆轍。如是。雖謂車載。鎬斗量。亦何足動真宗之聽哉。乃計不出此。一受美珠。莫敢異議。綱目書曰、以王旦為封禪大禮使。又曰、以王旦兼玉清昭應宮使。此王褒之求金馬碧雞也。。曰、聖祖降延恩殿。旦再拜稱賀。此眉刺史之賀瑞雪也。。始而遷就。。繼而隱忍。。終而削髮披緇。。亦悔無及。。噫、賢如文正。何其見反出孫奭、魯宗道下乎。夫古來大臣負一時重望。其發謀建議。人主視為進退。國家賴以安危。興邦喪邦之機。於是乎在。而為大臣者或為身後之計。或徇一時之欲。卒至亂人家國。漢之張禹。。宋之王旦。。如出一轍也。。後人至以長樂老比之。。雖非碻論。。亦旦之自取也夫。。

余生平論史不下數百篇喪亂後僅得此故亟登諸編

歷代帝王論

余蚤年讀通鑑。歷代帝王。繫以小論。便記憶也。起秦始皇。迄明懷宗。閱年餘始成。飢驅出門。稿藏於家。為兒輩塗鴉殆盡。歸檢舊篋。可認識者僅三小册。錄數篇於此。非以其可存也。誌當年之困學耳。乙丑六月

漢昭帝論

帝登極年方八歲耳。大將軍光輔政。舉賢良。問疾苦。罷榷酤官。減口賦錢。輕徭薄斂。與民休息。時匈奴衰弱。自范明友擊烏桓。而匈奴不敢出兵。內安外攘。史稱其稍復文景之業。信然。尤異者。以十四齡天子。深知霍光可倚。而不惑燕王上官桀之讒說。鴟鴞無詩。。風雷不作。。早悟迎周公。。成王於此有愧色矣。。天不永年。。非漢室之不幸耶。。

曹操論

操之初起。未嘗有不臣心也。。王芬謀廢靈帝。而操拒之。關東諸將欲帝劉虞。而操不從。董卓構亂。倡兵先進。覩於責酸棗諸軍。詞嚴義正。視孫堅之入雒陽。修諸陵。何多讓焉。會黑山賊略東郡。操破之。遂為東郡太守。黃巾寇兗州。殺劉岱。操據之。遂為兗州刺史。得荀彧。則曰、吾子房也。。操欲取徐州。彧則曰、兗州、將軍之關中河内也。。操以高祖自居。。彧更以高光待操。。君臣相得。。而覬覦之心以生。。帝返雒陽。遷駕于許。視卓之遷帝長安一也。。自是政歸曹氏。以荀彧為侍中尚書令。以荀攸為軍師。以郭嘉為祭酒。獄楊彪。殺董承。而威權自肆。擊呂布。滅袁術。破袁紹。降劉琮。而戰功日懋。赤壁一戰。引兵北還。刼制朝廷。儼然王者。加九錫。建宗廟。車服警蹕。甚至弑伏后皇子。與卓之弑何后弘農前後合轍。。董承、劉備、謀討於東遷之後。金禕、耿紀、韋晃、舉義于弑后之時。俱不得克。而操益放肆。曰、若天命在吾。吾為周文王矣。非旋卒洛陽。。余恐其不為周文。。而為周武也。。許劭品操曰、治世之能臣。亂世之奸臣。不其然耶。

孫權論

權嘗與魯肅對飲。問計。肅曰、漢室不可復興。曹操不可猝除。為將軍計。惟有保守江東。以觀天下之釁耳。子敬數語。。絕似隆中對。。權之有肅。。猶備之有亮也肅亮之見同。故吳蜀之好通。赤壁一戰。敗操東下八十萬衆。操狼狽北還。而鼎足之勢以成。無何備入成都。中權之忌。遂索荆州。分荆州。而釁隙漸生。至昭烈取漢中。關羽下襄陽。操欲遷都避銳。此亡魏之日也。乃聽呂蒙詭計。掩襲江陵。和局不終。曹氏日以坐大。且稱臣於操。稱說天命。遣使降丕。甘受策封。回視拔刀斫案時。何一旦局促如轅下駒哉。章武二年。遣使來聘。建興七年。改元稱帝。自埋自掘。形同狐鼠。自是而衰德益見矣。詩曰、靡不有初。鮮克有終。殆權之謂與。

孫皓論

皓初立。發優詔。恤士民。開倉廩。賑貧乏。當時稱為明主。未幾大作昭明宮。二千石以下入山督伐木。使黄門徧行州郡。料取將吏家女。而諸姬佩皇后璽綬者甚衆。是時晉滅蜀。假道已有及虞之勢。陸凱、陸抗、屢進危詞。全不覺悟。且不度德量力。信刁玄之讖文。舉兵出華里。王濬治船。木柹蔽江而下。吾彥請增建平兵以塞其衝。不聽。西陵拔同之後。志益張大。樓玄、賀邵、韋昭、陳聲、咸以忠直見殺。臨平湖開。歷陽山石印封發。則曰、此天下當太平。青蓋入洛之祥也。夫江淮之險。。不如劍閣。。孫皓之暴。。過於劉禪。。吳人之困。。甚於巴蜀。。晉之兵力。。盛於往時。。事勢如此。。雖有智者不能為謀。。故諸軍分道并進。克江陵。下武昌。張悌戰死。龍驤將軍以舟師直抵建業。皓遂泥首面縛。直詣東陽。嗟嗟、昔昭烈以孤窮分鼎。。後主禪挈全蜀而輸之。。討逆以校尉創業。。後主皓舉江南而棄之。。蜀之亡也以黃皓。。吳之亡也以岑昏。。吾始嘆宦閹嬖臣。禍烈女戎。繼又悲自古亡國之君。其舉動合轍有如此者。長沙父子與先主有同悲矣。雖然、皓之歸晉也。晉主謂曰、朕設此座以待卿久矣。皓曰、臣於南方亦設此座以待陛下。。性雖愚闇。。語實倔強。。較劉禪之甘樂他邦。。不猶差強人意哉。。

後漢隱帝論

後漢祚雖促。朝端未嘗無人也。帝時楊邠總機政。郭威主征伐。史弘肇典宿衛。

王章掌財賦。諸臣供職。共濟時艱。故趙思綰、李守貞、王景崇、同時拒命。卒駢首受戮。易危為安。然漢之存、此數人存之。。漢之亡、亦此數人亡之。。弘肇、矜鎗劍。王章詡毛錐。朝局已同水火。而郭威克河中。請加恩內外。卽高歡分封邑之故智。。乃執政不悟。以威為留守兼樞密。以外制內。。勢已難馴。。帝不思從容弭釁。信李業、聶文進之言。殺邠章、弘肇。復遣使殺威。威擁兵而南。蕩滌鼠輩。帝遂斃于趙村。淮陰族而布越疑。。三臣誅而郭威叛。。勢所必至也。。徐州之使方行。劉氏之立咸懼。天子須侍中自為。。黃旗已蔽威體。。澶州之變。。非卽陳橋之嚆矢耶。。

後周恭帝論

宗訓嗣立。雖主少國疑。太祖世宗之澤未泯也。陳橋一變。而周祚旋傾。其故何歟。蓋太祖之得天下本不以正。藝祖之黃袍加身。。卽太祖之黃旗蔽體也。。石敬塘興于契丹。。卽亡於契丹。。郭威得自亂軍。。亦失自亂軍。。揆之好還之理。。固歷歷不爽也。。而又適值劫運將終。天將啟文物之朝。一洗五代干戈之氣。趙氏不能不興。。故柴氏不得不亡。。不然、以太祖之節儉。以世宗之英武。其享國久長。反不若朱梁石晉。非攷古者之恨耶。

欽宗論

帝踐祚之初。金人日迫。屢下詔求言。事緩則已。故有城門閉，言路開。城門開。言路閉之語。帝之難與有為。已可想見。且是時事勢雖危。而女真以孤軍深入。猶虎豹自投穽中。使聽李綱、种師道之言。縱其北歸。半渡而擊。未必不轉敗為勝。即不然。既和之後。能整軍經武。銳意防秋。其亡當不若是遽也。乃圍城甫解。上下酣嬉。其賢者方且高談徵隱。請黜從祀。辨別士論。一若當時急務。無過於此。夫靖康之季。外患甚亟。豈徵一迂疏之尹焞。黜一配享之安石。關一紹述之異論。遂足以挽國勢而却强敵乎。不理礮石。只理安石。不論肅王。只論舒王。吳敏所由取譏笑于天下也。而唐恪、耿南仲輩。力持和議。不顧大局。帝亦舉錯顛倒。始則罷李綱以謝金人。繼復詔罷所起兵。戰守之備。全置不講。未幾尼瑪哈、斡喇布、復分道南侵。而西南勤王之旅。反函檄罷遣。而惟屈志買和。今日割二鎮。明日割兩河。今日遣親王。明日上降表。直至敵騎臨門。始以郭京之六甲兵、及劉孝竭等之六丁力士、北斗神兵、天闕大將、出而博敵人之一粲。京城旋破。而黔首魚肉。異姓代立。而舉族北轍。至是乃掩面大哭曰、宰相誤我父子。可哀也。亦可恨耳。

元順帝論

帝初即位。高拱宮中。事決宰相。所謂亡國之主也。不能行至元之政。而徒襲至元之元。更鈔法。令民入粟補官。以宦者拜特穆爾為司徒。巴延專政于前。綽斯戩尸位于後。時事日非。盜賊紛起。方國珍、劉福通、徐壽輝、郭子興、張士誠、明玉珍、陳友諒輩。竊字盜名者。不可勝數。帝乃受房術于西僧。製龍舟于內苑。酣嬉歌舞。張楨十禍之疏。全不為意。迨夫賊衆渡河北掠。成遵涕泣入告。

始稍為防禦。而江淮汝潁之地。棄之如遺。董摶霄有杭州之捷。而卒為努都爾岱所困。托克托有高郵之勝。而終為哈瑪爾所傷。用人如此。不亡何待。其季也。察罕特穆爾、與博囉特穆爾相攻。庫庫特穆爾、與張良弼、李思齊相攻。內尋仇隙。不復以討賊為心。徐常之師一臨。通州遂陷。健德之門夜開。車駕北狩。而元社屋矣。馬翌曰、元有天下。以寬得之。以寬失之。明祖曰、元季君臣耽于逸樂。失在縱弛。不在寬。帝之失其弛耶。。其寬耶。。不問可知也。。

臥雲樓雜著卷二

遊記

虎邱紀遊

虎邱離姑蘇城僅七里許耳。入山門。狀至蕪穢。山亦不高。意頗失望。惟前面獅子山。厥狀頗肖。山作囘顧狀。吳諺云、獅子囘顧虎邱。信乎。出靈瀾精舍。有大石盤。導者曰、此生公說法處也。可坐千人。因名千人石。點頭石在其左。大僅如斗。石盤是否容千人。頑石果否解點頭。雖里巷流傳。誌書紀載。言之鑿鑿。余終以其荒誕而不可信。上二仙亭。石摹呂純陽陳希夷遺像。並附短偈。純陽仙蹟。說近冥渺。若希夷於藝祖黄袍加身時。輒曰、天下從此太平矣。其為史臣鋪張附會之言。固未可知。而其為修養有道之士。則無疑也。今世變亟矣。莽莽神州。河清何日。吾欲起先生而問之。亭左為劍池。秦皇擊虎之所。亭左為蓮池。西子採蓮之所。予崇拜雄主。尤心折佳人。池邊躑躅。不盡低徊。見蓮葉之搖風。捧心善顰。猶想像及之。池左黃土一抔。即吳門真孃墓。真孃蘇小。異地齊名。雖煙花弱質。。而占領湖山。。固各有千秋也。。山上古塔。矗立霄漢。離塔數武。土阜隆起。闢即姑蘇台遺址。登高四望。荒榛斷梗。碧草芊芊。不特所謂響廊者不知何處。欲求一碎瓦頹垣。亦杳不可得。又何曾見麋鹿之遊耶。夫夫差、一時之傑也。西子、千古之秀也。當吳未沼時。歌台舞榭。點綴湖山。其盛為何如者。曾幾何時。。霸業銷沉。。美人黃土。。昔日之高掌遠蹠。。綠意紅情。。徒供騷客詩人之憑弔。。後視今。。猶今視昔。。悲懷其何能遣耶。。抑余更有感者。虎邱一培塿耳。因伯主名姝之所遨遊。高僧隱士之所窟穴。與夫當代名公鉅卿之有所題詠。而虎邱之名以著。若以其山勢之巍峨。怪石之巉巖。何足與吾鄉紫金東寶諸山相頡頏哉。乃知地固有幸有不幸。。向竊疑造物者之有所厚薄也。。夫人才不亦有然者耶。。

出居庸關記

予南人也。暮春三月。鶯花撩人。江南風味。飽嘗之矣。而未越黃河一步也。客歲抵京。踏紅塵。衝白雪。宣南風味。飽嘗之矣。而未出關外一遊也。今夏重到都門。遜之、德齋、仰山、約出居庸關。予欣然往。至沙河發微恙。幾欲同車。轉念此行甚趣。因奮進。恙亦旋止。世之出而與人家國事。偶有蹉跌。輒頹然自放者。可以興矣。由南口以過。山路漸高。車虵行。甚舒緩。計穿四硐。觀音硐最長。而居庸關 八達嶺，萬里長城，即賴車之緩行。得恣其顧盼焉。居庸為直北雄關。關之南重巒饒秀。故有疊翠之稱。關上鐫西域各種文字。以未得一觀為憾。關内為南口。關外為北口。在南口北口間關四重。曰下、中、上、八達嶺。下關、南關也。八達嶺、北關也。嶺最高。關距離十五里。繚以城垣。即長城也。夫成周而後。吾國國防。即重北面。故周末燕趙秦三國。各有建築。北魏、北齊、唐、宋、明、以來。亦歷有修葺。始皇特集其成耳。此二千餘年中。限戎馬之足者恃此。則夫負土築城。登陴守戍。人民之流離暴露、斷脰絕臏於此者。蓋不知幾千萬人矣。礮火一明。長城即成廢物。洎乎南北一家。於國防尤為無關。其成也。毀也。凡物無成與毀。復通為一。不其信乎。車抵宣化府。城池之雄。除南北京外。余目擊者以此為最。關外四面皆山。與江南無異。惟南山多林。北山多童。南山多秀媚。北山多雄偉。此其別也。風沙作用尤奇。宣化城頗高。積沙幾與城齊。沙之散於曠野間者。。一經大塊噫氣。。作波光蕩漾狀。。風捲半沙作浪紋。。詩人咏物。。何其肖也。。沙嶺再過。即為張家口。此處為漢蒙互市之所。妓館林立。笙歌聒耳。蓋邊境之安寧。。亦已久矣。。秦皇漢武之所經營。。頭曼冒頓之所馳騁。。與唐人詩所謂月黑雁高。。雪滿弓刀。。胡沙獵獵。。漢虜相逢者。。今果何處耶。。過通橋。橋下水與黃河相似。出南門遠眺。所謂齒兜山者。隱隱可見。旋驅車入關。宿南口。遊陵畢。回京。燈火已明矣。東坡詩云，身行萬里半天下。僧卧一菴初白頭。予今者身行萬里矣。頭亦初白矣。而歸臥之期。未知何日。泚筆記此。悵然者久之。

京口遊記

京口為孫吳舊治。三山之勝。於歌詠中時或遇之。戊午春，坐汽車抵此。立江邊閒眺。見夫所謂三山者。金山與北固山臨江平列。焦山則獨峙江中。居二山之下游。距金山約十五里。距北固山約五里。對岸則瓜步也。金山之江天寺。舊名澤心。後改龍游。康熙南巡。勒江天一覽石碣。因改今名。寺頗雄壯。七級浮圖。風景絕佳。浮圖高矗金山。俯瞰長江。焦山濠口。瓜洲海門。依依在目。北固甘露寺。垂名已久。寺旁鐵塔。僧云李德裕所建。鐵鏽字滅。年代無徵也。寺中院落。達官偉人。幾全占領。彭公祠。楊公祠。載公祠。魁公祠。陶公祠。公其所公。數見不鮮。壯江山之色。座中未必無人。而以大好江山。作應酬物品。遺山靈呵矣。多景樓前面臨城。後面臨江。蕪城月色。北郭犬聲。色色形形。真堪入畫。淩雲一亭。眼界尤寬。獨坐片時。風帆上下。沙鳥飛鳴。遙看隔岸。雲樹微茫。極目江心。烟波縹渺。仰視太空。蒼蒼者遠而無極。而千里江聲。與寺中磬聲。復疎密相間。領略之餘。不復知有人間世也。舟往焦山。適潮奔颶飽。船欹欲覆。予習水性。不之懼也。行一時許始到。寺名定慧。佛經以戒定慧為三學。

謂因戒生定。因定發慧也。與大學止而定、定而得、理可通。寺中華嚴真處。即經云、善財童子遊海門國參海雲菩薩處也。瘞鶴銘石碣移此。款署華陽真逸。後人遂以為王逸少。聚訟紛紛。余意瘞鶴銘。猶鸚鵡塚耳。文人偶爾游戲。又何斷斷為。方丈列周鼎、漢鼓、秦磚、及唐大中四年多羅經幢。廣明元年經幢。摩挲者久之。老頭陀其骨董家歟。旁建傑閣。後曰彭來。祀剛直。前曰枕江。江水滔滔。直趨荆楚。象山對峙。形勢完固。真天塹也。松寥閣、自然菴、文殊閣、均一到。松寥主持且以文衡山、沈三岳、墨蹟。及宋太祖太宗與趙普、石守信、楚昭輔、黨進、蹋球圖見示。旋到焦先祠。宋祥符間祀此。山因易名。古為譙山也。三詔洞、東冷泉、皆其遺蹟。別峯菴、寺之盡處也。以形勢論之。三山自以金焦為要。鎖鑰長江。焦山尤為第一重門户。昔韓世忠駐兵於此。遮斷金人歸路。要以三大事。地理之扼要可想。以風景論之。則以北固為勝。蓋江天定慧二寺。祇有江山風景。甘露寺則兼有城郭風景也。即江山之景。亦以北固所容受者為最多。天下第一江山。所以獨揭於北固。而慎蒙名山記、亦與予意同也。遊山畢。驅車城南。欲訪劉寄奴故宅。及其躬耕處。而土人無能道者。龍行虎步作天子。。結果亦不過如是。。一笑而返。。

遊北海記

南海中海遊矣。北海未也。丁巳雙十節翌日。傲田邀偕行。入門過石橋。至永安寺。庭左引勝亭。刊塔山總記。右滌靄亭。刊塔山四面記。古石叠成一洞。相傳來自艮嶽。未知確否。進二殿。（正覺、普安、）越七十餘級。一塔巋然。金李妃之台。遼蕭后之妝樓。或云在此。年代遠。究不可考也。登高南望。中南二海宛然在目。東望。則正陽、中華、天安、端午、諸門。太和、中和、保和、諸殿。大內景山。歷歷可數。西望。則太行支脈。。出沒隱見。。尤令人生冲遐之思也。。西下為慶霄樓。前悅心殿。清世祖著悅心集。以此乎。沿海北行。數處亭台。垂垂廢矣。惟琳光、甘露、水精、三殿。嶄然一新。此洪憲之賜也。使項城帝夢稍長。輝煌金碧。到處附塗。迨土木告成。因而措之。則其貺遊人之眼福。當更不淺也。至閱古樓。古名人墨蹟。鐫石而嵌諸壁。三希堂脫胎處也。數之。得四百九十五板。二板宇剝落。詢個中人云。毀於聯兵。家國之感。油然以生。塔後迴廊環抱。結構最精。不亞頤和園千步廊也。左額曰分涼閣。右額曰倚晴閣。樓上曰遠帆閣。曰碧照樓。下曰漪瀾堂。堂後頗有邱壑。一小亭。曰小崑邱。亭稍上。石台中豎一柱。上鑄銅人捧盤。承甘露。作者其有神仙之思乎。台旁一石洞。斜上為交翠庭。稍下為看畫廊。由廊轉出。一碑穹然。曰瓊島春陰。西苑遼金時曰瑤嶼。曰瓊島。不忘所自也。碑題高宗詩。甚平。京中苑囿及國中名勝。均有此老手筆。既作無愁天子。又思充畫餅名士。亦可人也。過木橋東北行。竹籬掩映。畫舫齋在焉。左院古槐一株。數百年物也。室因曰古柯庭。出仍東北行。一壇頗寬。石礎圓鑿可插權火者。不一而足。未解何祀。壇右側、皇后親蠶之所。北行至靜心齋。修葺完整。設備亦周。廊長徑曲。據全部之勝。聞為外交當局與各公使會議之處。則其破圓為觚。鉤心鬥角也。宜也。稍過。古刹一所。殿置銅木塔各二。甚壯觀。銅塔尤精妙。色縈如金。其下者被盜剝蝕。至可恨也。殿後一樓高矗。都鑲琉璃佛磚。最為奪目。吾國美術。何讓西人耶。再過曰快雪堂。壁嵌墨蹟。如閱古樓狀。較少耳。蘇文忠天際烏雲亦在此。右闡福寺。銅佛一尊。腹藏番經。裹以黃綾。硃筆宛然。同人爭取之。雖曰紀念。亦愛其歷時久。且含有帝王臭味也。最後一院。面各豎華表。鑲琉璃磚。中供一木山。屈曲可上。遊畢。日西下矣。迺由金鰲玉棟橋歸。

金陵紀游

金陵為帝王之州。龍蟠虎踞。史家侈為美談。予嘗神游其際。以為山川之雄壯。城池之高深。民物之殷富。闤闠之喧闐。當與東西二都賦所陳相彷彿焉。丁巳夏、驅車進寧城。頹垣碎瓦。觸目皆是。其已墾闢者。則秔稻滿畦。萬綠平鋪。城市中饒村落風味。除南門一隅外。餘亦多村肆耳。吁、果何故哉。得毋洪楊亂後。元氣未蘇。辛亥癸丑二役。更有以蹙孑遺之民歟。不然、何氣象之頹也。出朝陽門三里許。至鐘山。明孝陵在焉。前殿懸太祖遺像。頦突出二寸許。論者驚為天授。再進一碑穹然。鐫治隆唐宋四字。夫有明政治。殺切臣耳。挫士氣耳。寵宦寺耳。不逮唐宋遠甚。而得天下之正。視唐宋為優。清帝勒碑句云。開基洵是過唐宋。繼葉無能鑒夏殷。知言乎。謁陵畢。進朝陽門。向南行。孔廟前、即秦淮河也。青溪渡在其東。桃葉渡在其西。河身甚狹。畫舫亦不多。遐思有明季世。南北對峙。聲歌之盛。以秦淮為最。為問青樓中尚有李香君顧眉樓其人者乎。游客中尚有吳祭酒侯公子其人者乎。江山無恙。風流已沫。不禁今昔殊情之感矣。果所見不逮所聞歟。抑南都既下。王氣銷沈。即此脂粉氣亦隨之歇絕歟。出聚寶門。訪雨花台。山上石子崗。產石甚怪。余買其尤者。携歸供几案間。幾為米老之拜石文也。次日、游莫愁湖。湖在水西門外僅里許耳。莫愁為盧家少婦。與真娘蘇小異趣。湖上樓臺。即鬱金堂舊址。明時歸徐中山王。然遠道流傳。與詩人歌詠。只知有莫愁。而不知有中山。則信乎賢王之湯沐邑。不及少婦之玳瑁梁也。檻外湖水盈盈。蓮葉田田。打槳人來。采菱歌起。芳馨蕭瑟。縹渺夷猶。瀟湘洞庭。如或遇之。左為曾公閣。龕額曰江天小閣坐人豪。文正為近代有數人物。因種族之爭。遂有詆誹公者。不知尚友古人。端在論世。彼一時。此一時。立言固非一端也。文正生平得力處。曰紮硬寨。曰打死仗。今之偉人多矣。紮硬寨打死仗者誰乎。人豪之稱。非過譽也。此外勝地。多未涉足。願以俟諸異日。

附南京古物記

南京保存古物。不及北京之富。記之、亦示不忘也。樓下多石類。就中井床尤多。宋嘉熙井床。雷山義泉床。宋嘉泰義泉床。宋玉兔泉床。（劉伯温銘）餘弗能憶。宋無想寺甄公塔誌。寺溧水縣南。宋咸淳間、僧道甄復建大刹。塔以誌功也。宋本業寺嘉定經幢一。鳳凰台詩碣、清鳳台碑記、各一。清碑且殘。台址之荒宜矣。血癊石四。大相等。左侯血蹟碑記。以癊字出佛經。義亦別。故易之。六朝宮禁石礎。質既佳。雕工亦玲瓏。至可玩也。明教坊司石。餘上截。高座寺石礎及紅磚。均完好。晉西竺僧尸梨密、為王丞相所敬。寺因名高座。柱則徐覺興夫婦所施也。宋天慶觀三清殿殘石。數字尚存。明報恩寺第九號藏經碑記。明鳳凰台上瓦官寺碑記各一。碑頗大。字模糊矣。甘露井石表。得自雞鳴寺。因施食故名。樓上藏開元投龍銅簡。投紫蓋仙洞者。簡中詳明皇出生年月日時。並求長生。古代帝王之癡想。可哂也。箭鏃一根。豫王下江南部將名澹台向太平門先發者。取太平瑞兆。鏃猶是也。天下今屬誰家耶。宋晉古劍二。古戈一。古錢歷代均有。洪武寶鈔銅模二。按明鈔始於洪武八年。鈔質以桑穰為之。色青而厚。自一貫至一百。約分六等。此模係一貫鈔。重各十斤。背鐫泉字第二十九號。泉字第三十號。面鐫一貫錢形。邊鑲龍。下端刊户部奏准條例。偽造者斬。告捕者賞銀二百五十兩。並給犯人財產。明食貨志載二十五兩者。誤也。賞罰之嚴如此。而明鈔價值。至洪武二十七年後。每貫折至五十文。中葉以後。貫易二錢。徒法固不能自行也。古甓幢類極多。名人墨蹟亦夥。惜時間促。未暇飽看。室懸太祖像。與懸孝陵者無別。旁懸方忠文景忠壯二像。方像清癯。景像頤稍豐也。所中藏物。固不止此。然遺者亦僅矣。

西湖紀略

兒時讀潛夫詩選、至欲把西湖比西子句。輒神遊其際。忽忽三十年矣。去年始至。今年再至。人事匆匆。均未得暢遊。乃嘆徜徉山水之樂。。造物靳於予人。。固有甚於富貴利達也。。西湖面積約八千九百餘畝。白沙堤亙其北。蘇堤亙其西。白沙堤內曰後湖。蘇堤內曰裏湖。蘇白堤外曰外湖。外湖最寬。裏湖次之。後湖又次之。湖在錢塘湧金清波門外。湧金居二門間。城未折時。遊湖者皆出此門。今由湖東下船。向南行。至武肅王祠。祠駐兵不得入。柳浪聞鶯。在祠右側。柳樹凋零。鶯聲何處。徒存石碣而已。淨慈寺建南屏山麓。寺內運木古井。叩其意義。僧云、濟顛建寺時。木自井出。婦女嘖嘖神之。余不覺局局然笑也。南屏晚鐘亦卽在此。寺北雷峯。吳越王妃建塔其上。與保俶塔南北對峙。雷峯高古。保塔聳峭。時人以老衲美人喻之。頗肖。金烏西墜。斜照塔尖。暮色之佳。無踰此地。旋至蘇堤。堤六橋。自南而北曰映波橋。鎖瀾橋。望山橋。壓堤橋。東浦橋。跨虹橋。進映波橋。即裏湖也。上陸至花港觀魚。花港者、望山橋下水名也。舊為宋盧允升園林。康熙時改建於此。稍事點綴。今則石碣徒存。與柳浪聞鶯同有名無實也。行里許。于少保祠墓在焉。土木之變。喪君有君。外攘內安。少保是賴。而卒遭駢誅。。與三字寃獄。。同滋考古者之恨也。。下船、沿裏湖堤畔行。鎖瀾望山之間。曰蘇堤春曉。跨虹橋北。曰曲院風荷。後為岳王廟。庭中精忠柏。霜皮溜雨。漸化為石。旁岳王墳。祔葬雲。鐵鑄秦檜夫婦、及万俟卨、張俊像。反接跪墓前。來展墓者或擲以石。或私焉。雖白鐵何辜。。要亦見三代直道之公。。至斯世斯民猶未盡滅絕也。。由岳廟折至西冷橋。西冷橋者、後湖裏湖分界處也。由西冷橋起。中經孤山。越錦帶橋。至錢塘門外之斷橋止。均為白沙隄。隄西為裏湖。北為後湖。南為外湖。孤山之陰瀕後湖。孤山之陽臨外湖。蘇小小墓在西冷橋側。夫蘇小一妓耳。。而得與岳于二少保。。共有千秋。。固好事者為之耶。。而英雄兒女。。實足入後人之心。。壯湖山之色。。一則忠義奮發。。令人肅然以敬。。一則情致纏綿。。令人悠然以思。。有蒼松勁栢。。不可無芳草幽花。。點綴湖山。。未許概以好事嗤之也。。由西冷橋東南行。遊外湖。過俞樓。廣化寺。訪郭孝童之墓。童舍焚。已出矣。母未出。復縱身入。鄰人挽之不得。因死焉。火熄。屍猶抱母不釋。至性過人遠矣。再過為蔣左二公祠。後為西冷印社。登四照閣。全湖之景。一覽無餘。左徐公祠。浙江圖書館、及公園。均行宮舊址。園居孤山正中。湖光面面俱到。無異四照閣也。昭忠祠、聖因寺改建。三忠祠、祀袁昶、許景澄、徐用儀。照胆台、祀關羽。蘇白祠、祀東坡香山二居士。陸公祠、祀陸贄。陸祠前、即平湖秋月亭也。秋高氣爽。。秋水澄鮮。。秋月皎潔。。與三潭印月。。當據全湖之勝。。湖心亭四面環水。院宇漸荒矣。亭之南。即三潭印月亭也。石橋九曲。亭成卍字。放生池蓴菜。味甘美。秋風之思。良有以夫。池外湖心置石塔三。塔鑿孔五。月光照塔。塔分為三。故有三潭印月之稱。其在孤山之陰瀕後湖者。則有放鶴亭。元陳予良建。巢居閣、和靖先生所構。閣下馮小青墓。稍上為宋馬菊香墓。再上為林逋墓。墓側有鶴塚。余意君復果視妻子如脫躧也。。則不有其妻。。不有其子可也。。如以梅鶴為可愛也。。則仍梅之鶴之可也。。梅必曰妻。。鶴必曰子。。其名弔詭。。意先生亦杓之人耶。。墓西為林典吏墓。以一末僚而能闔門死難。視今錄國之疆吏。婺乎大哉。至白沙堤盡處。曰斷橋殘雪。橋上閒望。北山一路。最下者寶石山。後為寶俶塔。俶即錢俶。謂叔者誤。後為葛嶺。有初陽臺。云晉葛洪煉丹處。宋平章賈似道園林亦在葛嶺。蟋蟀猶鳴。。半閒何處。。華屋山邱。。比比皆是。。無可傳之事蹟。。而欲於大好湖山。。妄占一席。。遺臭而已。。則今之所謂某莊某祠者。不更可一例視之耶。湖遊畢。由毛家埠車行約三里許。至靈隱寺。（今名雲林）寺為北山叢林之冠。寺前即飛來峯。峯界靈隱天竺之間。來勢突兀。董香光聯云、泉自幾時冷起。峯從何處飛來。左文襄云、泉自源頭冷起。峯從天外飛來。近人轉一語曰、泉自冷時冷起。峯從飛處飛來。轉語尤妙。蓋左語所謂藏小大有宜。。猶有所遁。。轉語所謂藏天下以天下。。而不得所遁。。不了之了。。恍聞濠梁妙語也。峯有一綫天、呼猿洞諸勝。巖石玲瓏。鐫佛無數。峯前有壑雷冷泉二亭。澗水溜玉。畫壁流青。倚檻稍憩。滌我煩襟。寺之最佳處也。舊有見山觀風候仙虛白諸亭。白樂天所謂五亭相望。如指之列者。今不可復識矣。寺後最高之峯。曰北高峯。與南高峯對峙。所謂雙峰插雲是也。由寺西上。石磴屈曲。約里許。至韜光庵。庵勢淩空。俯瞰衆山。庵内小軒數楹。山翠襲衣。泉聲聒耳。倘得下榻其間。炎夏生涼。熱客都冷也。登寺頂。即觀海處。更上一層樓矣。舒眸遠眺。江如匹練。江盡處為海。十洲三山。隱隱可見。而湖中雷峯塔、湖心亭、映月亭。則尤依依在目也。由靈隱寺至天竺。僅里許。寺名法鏡。由下天竺至中天竺亦里許。寺名法淨。寺坐稽留峯。相傳唐堯時許由嘗隱此。稽留者、許由轉音也。昔人讓天下而不受。。今人爭天下而不得。。古今人度量之相越。。抑何遠耶。。行二里。至上天竺。寺名法喜。三寺以法喜為壯麗。來時適值春節。香火氤氳。香車絡繹。風鬟霧鬢。蓮步娜腰。手握串珠。口誦南無。方外之遊。步步引人入勝矣。夫西子亡吳。西湖亡宋。則西湖之價值可想。然其缺點亦有三。一撤城也。錢塘湧金。繚以舊城。當夕陽西下。暮鴉零亂古城頭。暮色之佳。當不限於雷峯一塔。今則交通雖便利。風景實減損也。二廢行宮也。碧瓦紅牆。氣象自爾華貴。且萬綠叢中一點紅。亦格外出色。今改公園及昭忠祠，雖花樣翻新。未免湮沒古蹟矣。三則洋樓及某莊某祠之玷名勝。殺風景也。蓋西湖、天然境也。。洋樓高矗則鑿矣。。西湖，風雅地也。。豪富逼處則俗矣。。西湖，清淨土也。。奸宄潛形則污矣。。質諸杭人。以為然否。

重遊金陵記

民國七年暮春三月。重到金陵。續前遊也。進鳳儀門。登北極閣。閣垂圮。無足觀者。惟壁間存曲園贈弢樓主人三字訣。頗耐尋味。訣曰、塑、鑽、梳。塑者、泥塑人也。鎖者、塞其兑也。梳者、息無間斷也。閣之東、即明祖改建之雞鳴寺。亦即梁武捨身之同泰寺。未至聞鐘聲。令人清寂。豁蒙樓風景尤佳。。臺城在望。。猶想見武帝荷荷時情狀。。城外即元武湖。一望無際。倍於頤和之昆明湖也。。蓮花甚盛。惜時早。尚未開耳。胭脂井在樓右側。井床字不佳。確否舊址。尚不敢知。景陽樓係新建。仍其名而已。未許按圖索驥也。臨春結綺。問之寺人。則無有知者。蓋廢興成毀之相尋。。已數數矣。。寺外施食台。亦非洪武舊物。惟築台初意。相傳元代刑人於此。帝乃延西番僧誦經布施。而帝性忍鷙。屠功臣如屠狗，生者不卹。死者是戚。氐羌之虜也。不憂縶纍。而憂不焚。帝其類之歟。抑殺戮之後。頗有悛心。建台施食。猶輪台下詔歟。車東行。將及朝陽門。明宮址在焉。東西華二門、午門、尚屹立。五龍橋猶可通。南京古物保存所。即對午門建層樓。存古物。資觀感也。庭中遺石礎三。奉天門礎。大踰車輪。圓徑一尋有餘。則當時宮殿之壯麗可想。樓後地稍高。聞即殿址。然麥已秀矣。午門正殿之血瘢石。起存所內。甘實菴白下瑣言云。方忠文草詔時。齒血濺石。忠誠所感。故歷久不滅。余意博士之正氣。固萬古不磨。謂石色之殷。即血所染。終恐流傳之失實也。博士墓在雨花台。前遊未曾展拜。特重到該處。導以士人。至則黃土一坏。即方氏十族瘞骨處也。嗚呼、傷矣。入聚寶門。訪鳳凰台遺址。杳不可得。按台始於宋元嘉。因神爵至故。台址向在城外。負郭臨江。與黃鶴樓並稱。故李白有鳳去台空江自流之句。明始圈入城內。迄今奚止鳳去台空。江亦久徙矣。人事滄桑。可勝嘆耶。

遊惠泉山記

人固有幸而得名者矣。地亦有之。無錫惠山是也。惠山名久著。戊午夏抵滬。滬友力聳余往。比至。山形甚平。又無嵁巖可跋。無古樹可籟。殊失望也。大凡山之得名。以曲。以幽。以秀。以奇。以雄。以岃崩。以突兀。以古峭。以蜿蜒。惠山果具上述之一格否耶。而滬友嘖嘖稱之者何也。滬、海國也。山國之民認灌瀆為江湖。海國之民指培塿為華泰。此間得一崑山。已詫為奇。況埒於崐山者乎。山上三峯。曰、大茅、二茅、三茅。相傳三茅真人煉丹於此。予踶跂至大茅。游興闌珊。身亦薾然。菴後右望。太湖隱隱可辨。為留斯須耳。山之岔，一山聳起。古塔矗立。即錫山也。有錫爭。無錫寧。（常州童謠）縣之得名以此。二泉在惠山麓。唐獨孤及之記。僧若冰之詩。明邵文莊之銘。今已烏有。存清帝詩碣而已。泉圍以井床。水澄瑩不涸。試茗。與吾鄉湧泉寺之泉。無甚差別。蓋在山之泉多清。固不拘於何處也。且水至淡也。淄澠之味。固可別矣。若等是甘泉。

而欲強為軒輊。若者第一。若者第二。雖通如俞兒。。吾知其不敢自信。。然則二泉云者。。亦虛擬之詞耳。。（二泉出唐張又新煎茶水記）而丹徒人士得趙氏碑。遂贅諸古井。以為天下第二泉。在此不在彼矣。冒馬而負其名。。鄉人之私其鄉。。不更堪發噱耶。。至德祠祀太伯。配以仲雍季札。夫無錫、太伯之故城也。伯初至吳。吳俗斷髮文身。其僻陋可想。今則三吳文物。為全國冠。誰為嚆矢。邑人尸祝之。豈徒懷其讓德耶。祠址即鄒愚公繩河舊館。語曰、國中有神聖。天河直如繩。愚公以是名館。望河之直。。猶俟河之清也。。旋至李忠定、邵文莊、張中丞祠。。李祠完整。張祠宏敞。然漸荒。鄒祠壁嵌墨蹟。琳瑯滿目。因煬竈故。皆黔矣。此外鄒忠公、馬過公、袁龍圖、范文正、倪雲林、陸忠宣、呂東萊、錢武肅、徐孺子、諸祠。均未入。驅車訪梅園。園中點綴。不過爾爾。惟遠山黯黯。四面入簾。太湖風景。尤宛然在目。湖中帆影。時蕩漾亭榭間。蓋此處看湖。視大茅峯為密邇也。管社山之禹基崖。南獨山之横雲摩崖。均歷歷可數。不得於山。。而得於湖。。此行為不負矣。。乘興擬駕扁舟。飽看七十二峯。以資罄而止。行千里不齎糧。慨慕鄭莊不置也。至邑中學務、商務、新聞事業、電氣事業、均極發達。交通尤便利。橋梁道路。修治不窳弊。書報社、公花園、都人娛樂之所。復不一而足。熙熙上春台。模範村駸駸乎與南通埒矣。並誌之。猶晉人之想桃源也。

臥雲樓雜著卷三

文存

先秦諸子學術政治之思潮

春秋戰國。諸子爭鳴。後世概稱為百家語。其實卓然能自樹立者。儒、墨、道、法、四家而已。儒家以復古鳴者也。墨家、法家、以反對復古鳴者也。道家以信仰「自然」鳴。不帶復古、與反對復古之色彩者也。四家各有其立腳點。而末流相磨相盪。不免有交光互影之處。其所謂復古、反對復古、與夫不帶復古反對復古之色彩者。亦僅為相對的。非絕對的。故儒家雖主張復古。有時亦反對復古。。墨法二家雖反對復古。有時亦主張復古。。道家雖不染雙方之色彩。有時亦微露復古與反對復古之痕迹。。茲列舉四家學術政治思潮如下。

（一）儒家。以孔子為代表。孟軻、荀卿、其繼起也。孔之言曰。「我非生而知之者。好古敏以求之者也。」又曰、「述而不作。信而好古。竊比於我老彰。」孔氏誠復古派領袖矣。然中庸云。「生乎今之世。反古之道。如此者、烖及其身者也。」下章即繼謂、「上焉者、雖善無徵。無徵不信。不信民弗從。」所謂「上焉」者。指夏禮、殷禮也。居成周之世。即視前朝之制度為無徵。是孔言學雖主好古。論政未嘗主復古也。

孟子「言必稱堯舜。」其自況也。曰、「守先王之道。以待後之學者。」其論治也。曰、「遵先王之法而過者。未之有也。」「則古昔。」「稱先王。」孟子其復古派之健將歟。然其讀武成也。因「血流漂杵」四字。輒有「不如無書」之歎。其讀周詩也。因「周餘黎民。靡有孑遺」二句。輒有「周無遺民」之駁語。是孟子論治雖主復古。而讀書則未嘗信古也。且「民貴」「君輕」之論。「土芥」「寇讎」之譬。在當時何嘗不視為新潮耶。

至於荀卿。固明樹「法後王」之幟者也。故儒效篇云。「道過三代謂之蕩。法二後王謂之不雅。」非相篇云。「五帝之外無傳人。非無賢人也。久故也。」「五帝之中無傳政。非無善政也。久故也。」荀卿既反對「法先王。」則謂其反對復古也亦無不可。夫孟荀同為儒家大師。其政論之出發點雖異。。而其歸宿點則同。。故正論篇云。「堯舜者、至天下之善教化者也。」又云。「堯舜者、天下之英也。」則與孟子「言必稱堯舜將毋同。」非十二子篇云。「故勞力而不當民務。謂之姦事。勞知而不律先王。謂之姦心。」勸學篇云。「不聞先王之遺言。不知學問之大也。」則與孟子「法先王」將毋同。蓋荀卿之法後王。。非重後王而輕先王也。。不過一種時間關係。。故曰「久則論略。。近則論詳。。略則舉大。。詳則舉小。。」其意蓋可推也。。

（二）墨家。　墨子少時曾學儒者之業。受孔子之術。既乃以為其禮煩擾。傷生害事。靡財貧民。」於是獨倡一教。是墨子倡教之動機。純為反抗儒家而起。其反對儒家最力。。故其反對復古亦最力。。非儒篇云。『儒者曰、「君子必古言服然後仁。」應之曰。「所謂古之言服者。皆嘗新矣。而古人言之服之。則非君子也。然則必服非君子之服。言非君子之言而後仁乎。」經說下云：「堯善治。自今推諸古也。自古推之今。則堯不能治也。」其反對儒家可謂力矣。。然墨教攻擊儒家。。同時即受儒家之薰化。。故貴義篇云。「凡言、凡動、合於三代聖王堯舜禹湯文武者為之。」耕柱篇云。「天下之所以生者。以先王之道教也。今譽先王。是譽天下之所以生也。可譽而不譽。非仁也。」非命篇之論言有三表也。第一表曰、「本之於古者聖王之事。」墨子果絕對反對復古。。何必用「古者聖王之事」作論證之標準耶。。

(三)法家。　法家人物頗多。行有効者為商鞅。集大成者為韓非。商君為實行政治家。亦可稱法家。其持論之焦點。不外「古今異情。其所以治亂者異道」二語。商君書更法云。「聖人苟可以強國。不法其故。苟可以利民。不循於禮。」又云、「治世不一道。便國不必古。湯武之王也。不修古而興。殷夏之滅也。不易禮而亡。然則反古者未可非。循禮者未足多也。」夫所謂不必古者。。謂便國未必法古也。。亦未必不法古也。。所謂未可非者。。謂反古未可盡非。。亦未必無可非也。。故修權篇云。「先王縣權衡。立尺寸。而至今法之。其分明也。此雖法家難「人治」之論調。。而法古之意。。於言外見之也。。開塞篇云。「聖人不法古。不修今。法古則後於時。修今則塞於勢。」其兩可之意。。尤顯著矣。。

韓子主張「歷史進化論」者。其政論不越「論世之事。因為之備。」八字之外。故五蠹篇云。「宋人有耕田者。田中有株。兔走觸株。折頸而死。因釋其耕而守株。冀復得兔。兔不可得。而身為宋國笑。」今欲以先王之政。治當世之民。皆守株之類也。顯學篇云。「無參驗而必之者、愚也。弗能必而據之者、誣也。故明據先王。必定堯舜者。非愚則誣也。」韓非之反對「法先王。」與其師荀卿同。然有度篇云。「巧匠目意中繩。然必先以規矩為度。上智捷舉中事。必以先王之法為比。」亡徵篇云。「好以智矯法。時以行雜公。法禁變易。號令數下者。可亡也。」南面篇云。「不知治者必曰、無變古。無易常。變與不變。聖人不聽。正治而已。然則古之無變。常之無易。在常古之可與不可。」下文雖有「不變古者襲亂之迹」云云。然常與古而果可。。固承認其無容易之變之也。。(有度、亡徵、南面、三篇。雖未必是原本。然總是法家所作。故縱不認為韓非言。可認為法家言。)

（四）道家。　以老莊為宗。老莊以「自然」為宗。欲求其反對復古之痕迹蓋寡。無己。其求之於文子、莊子、之所稱引者乎。文子道德篇云。「聖人者、應時權變。見形施宜。世異則事變。時移則俗易。論世立法。隨時舉事。」此即韓非政論之所本。微明篇云。「五帝貴德。三王用義。五伯任力。今取帝王之道。施五伯之世。非其道也。」上義篇云。「苟利於民。不必法古。苟周於事。不必循俗。……故變古未可非。而循俗未足多也。」此即商君政論之所本。上禮篇云。「常故不可循。器械不可因。故先王之法度。有變易者也。」莊子天運篇云。「古今非水陸與。周魯非舟車與。今蘄行周於魯。是猶推舟於陸也。……故夫三皇五帝之禮義法度。不矜於同。而矜於治……故禮義法度者。應時而變者也。（師金對顏淵語）凡此所引。與歷史進化論派亦甚相近。秋水篇云。「昔者堯舜讓而帝。之噲讓而絕。湯武爭而王。白公爭而滅。由此觀之。爭讓之禮。堯舜之行。貴賤有時未可以為也。」此言「是」「非」「善」「惡」。常隨時勢變化。即齊物論所謂「是亦一無窮。非亦一無窮也。」欲以古之「是」。正今之

「非」。以古之「善」。正今之「惡」。則泥古不化矣。此道家反對復古之論調也。。至復古之思。則老莊及文子書亦時或遇之。馬蹄篇云。「夫赫胥氏之時。民居不知所為。行不知所之。含哺而熙。鼓腹而遊。民能以此矣。」天地篇云。「昔堯治天下。不賞而民勸。不罰而民畏。今子賞罰而民且不仁。德自此衰。刑自此立。後世之亂自此始矣。」（伯成子高對禹語）文子下德云。「善治國者、不變其故。不易其常。」道經第十二章云。「執古之道。以御今之有。能知古始。是謂道紀。」德經第六十六章云。「小國寡民。使民有什伯之器而不用。使民重死而不遠徙。……使民復結繩而用之。……」此即理想之「烏托邦。。」其信仰「自然」也。。即以寄其望古遥集之思也。。

綜合四家之學說觀之。所謂復古者。非絕對主張復古也。。所謂反對復古者。非絕對反對復古也。。所謂不帶復古與反對復古之色彩者。非絕對不帶色彩也。。其所以互相影響之故。。非各家之立脚點有時搖動。。實因古有可復者。。有不可復者。。古有可反對者。。有不可反對者。。古如已成一種「遺形」。。（如男子乳房）則不可復。。古而仍為一種「結晶。。」則不容反對。。古今其名也。。真理其實也。。不究真理之所在。。　凡政治學術之屬於古者。。以為皆在淘汰之列。。先民有遺傳之共業。。而不知寶貴。。反誣其祖曰。「昔之人無聞知。。」噫、何其戾也。。

西山修墓記

廖逸齋氏葬其親於西山之麓。二十有九年矣。甲子冬、乃修墓。幷聚土而封之。工竣。囑余為記。且曰、非欲諛墓也。誌緩修之過也。余曰、氏志乎孔者也。夫既志乎孔矣。則誦孔之言。行孔之行。無待言者。檀弓云、「易墓、非古也。」孔子曰、「古者墓而不墳。」又曰、「古不修墓。」今氏之所為。。得無戾於古、且戾於孔歟。。非也．夫禮之範圍甚廣。有以義起者。有因人情而為之節文者。禮運、坊記、所言可深長思也。卽以塟禮論。易繫辭曰、「古之塟者。厚衣之以薪。塟之中野。不封不樹。」是在上古則然耳。中古之聖人、卽易之以棺槨。降及後世。因慎終報本之思。而為之築壟焉。樹林焉。造賓阼焉。雖未免文勝之弊、而證以子與氏不儉其親之說◦◦則亦何可厚非◦◦彼墨家主張節塟◦◦固未爲定論也◦◦檀弓易墓之易字。厥有二說。鄭氏康成云、「易、芟治草木也。」姚氏舜牧云、「易墓者、移易其墓之謂。」由前之説。則今人皆戾於古。由後之說。氏之見解◦◦正合禮經之旨也◦◦蓋西山之墓。堪輿家多謂不吉。氏不惑其說。而不肯更易。與姚氏說經之意將毋同◦◦所謂墓而不墳者◦◦殷以前則然◦◦至周已未之能行◦◦故孔子於防之墓◦◦封之崇四尺◦◦夫有四尺之崇卽墳矣◦◦孔子亦不拘拘於古之所云也◦◦不修墓云者。據陳氏澔之說。謂古人不修墓者。敬謹之至。無事於修也。果爾、則古人未嘗不修墓◦◦但謹於其始而不再修耳◦◦是孔子之泫然流涕◦◦非傷其違古也◦◦傷其不謹於始而墓崩也◦◦合姚陳二氏之說觀之。氏之所爲◦◦其亦猶夫行古之道與◦◦於孔何戾焉◦◦若夫越二十九年而修墓。此又可無疚於心者。歐陽文忠非世所謂賢豪者耶。瀧岡之阡。六十年而始表。其言曰、非敢緩也◦◦蓋有待也◦◦氏亦有所待耳◦◦又何過之有◦◦氏年踰七十。而孺慕猶存。夫人某氏先逝。附塟於其姑之側。左留一穴。預爲異日附塟之所。既色養於生前◦◦復謀聚於泉下◦◦此則仁人孝子之用心也。。尤不可以不記。。

章太夫人壽序

乙丑歲為吾姊章太夫人七十有一之年。其族人謀所以壽之。而問序於喬。喬曰、介壽之文。通人不作。以其體非古也。。惟秉彝之好。人有同情。同氣中得有節孝友愛如吾姊。倘不綴數語聲之。可乎。姊先府君子華公長女也。少婉嫕。年十七。歸敏先章公。結褵七載。公遽物化。恐傷姑章心。。外則箴帨承歡。內則椎胸飲泣。。念承祧事大。乃繼祿陞為後。以養以教。以至於成人。詎成婚四載。而祿陞物化。後十年其室郭氏復物化。死喪頻仍。。天之待姊亦酷矣。。而姊平視滄桑。愔愔如常。復撫孤孫以養以教。以至於成人。即今戚里嘖稱、族人器重之斐卿是也、族人重卿尤重姊。。蓋姊實有可重者在。。姊素孝。其事舅姑何若。吾不得而見之。其事吾先考妣。則吾所及見也。憶昔高堂在日。喬兄弟不肖。不能博升斗。供甘旨。而姊雞豚之養。。月必數至。。喬心常愧之。。先妣鄧孺人多子。顧復難周。

姊則挈諸弟歸其家。弟無知號咷。。姊雖憂患餘生。。不惜曲意將順以靡之。。凡以紓
母累也。。每值歸寧。為時雖暫。而視無形。聽無聲。先意承志。常得二老歡。里
閈嘖嘖曰、此女曾參也。。喬心尤愧之。。蓋姊之孝其天性也。。姊復友愛。兄弟十人
待之如一。無異鳲鳩之仁。然姊之友愛。不在乎財物之餽贈。衣食之推解。而在
乎精神之貫注。痛癢之相關。聞喬兄弟有如意事。。則色然以喜。。有拂意事。。輒戚
然以憂。。下至喬等之子若女。大而婚嫁。。小而疾病。。無一不在吾姊念慮中。。喬行
七。忽忽近五旬矣。感風樹之鳴。。恒至姊家話先世軼事。。姊正襟危坐。。縷述喬之
所不及知不及聞者。。時而剌剌不休。。時而盈盈欲淚。。喬則神為之往。。情為之移。。
亦不覺涕之何從也。。故嘗謂友曰、姊也而吾母視之矣。。非姊友于之篤。。喬能為是
言耶。。至於字幼之慈。與人之惠。待師之忠且敬。持家之儉且勤。里嫗均能言之
。無俟喬稱引也。。書曰、至誠感神。又曰、惟德動天。故始為天所困者。終則
為天所佑。斐卿妙年英挺。長法庭。權縣篆。蜚聲鄰江珠江間有年。生子振華光
華保華。亦歧嶷可喜。此猶花樹為春寒所勒。。一遇和煦。。則羣蕊齊放。。其蓄之也

久。故其發之也光。然其發也又必有蓄也。培植灌溉之。則又在斐卿矣。。易曰、復其見天地之心乎。喬既佩姊之節之孝之友。。而又喜其得復也。。故因其族人之請。。為序往事以歸之。。不敢敷陳盛美頌。。禱靡祺者。。蓋託於至親無文之義也。

哭弟文

季弟會東、卒於丙午七月念七日。予留學省垣。越月餘始悉其耗。驟聞之。心膽墜地。不知所措。欲握筆而淚已先垂。遷延旬日。乃克忍淚為文哭之曰。

嗚呼。天胡醉乎。胡弗讁吾身。而奪吾摯愛之弟乎。弟性孝。每市歸。不遽入私室。必於吾母前縷述街衢細事。母促去。及門而反者再。習以為常。母亦不之怪。所謂孺慕者非耶。弟素友愛。襄店事近十年。矢勤矢儉。一錢不濫用。余屢有所需。常深自疚。弟曰、是何足介意也。朋友且通財。而況兄弟。春間聞余用乏。即罄私蓄寄余。弟言行過人遠矣。弟樸厚。厭浮靡。繁華熱鬧之場。從不託足。惟以經商為亟。衣服則着其最古最敝者。人或揶揄之。毫不屑意。與人交易。篤實不欺。以故有市井君子、少年老成之目。而性復恬淡。好茹素。每見余殺生佐食。則愀然曰、物與人同命也。何忍為。早晚稍暇。輒臨古帖。摹山水以自娛。故自外觀之。吾弟直蠢人耳。而一為窺其實際。其冲澹之志趣。風雅之性情。有非學子所能及者。殆野其外而慧其中耶。抑大智若愚。大巧若拙耶。嗟呼。弟之孝也如此。友愛也如此。樸厚恬淡也又如此。宜乎克享大年。藉遂怡怡之樂。乃竟舍我而去。其信耶。其偽耶。其覺耶。其夢耶。以為偽。以為夢。家書固明告我矣。則弟之死。其覺而非夢。信而非偽也明矣。吾弟乎。吾弟乎。其真舍我而去乎。兄不德。本年五月間。有傳兄已物化者。弟竊為兄悲。庸詎知吾前日之死乃虛傳。而汝今日之死乃實耗乎。汝向之為兄悲者不過一時。而我今之為汝悲者永無窮期乎。嗚呼、痛哉。憶余起程赴省時。天甫明。弟回家握送。再三囑早歸。孰知其卽為永訣之期哉。遺言猶在。靦面無期。兄卽歸。弟之墓已有宿草矣。念及此。肝腸寸斷。豈可復忍耶。嗟呼、余之行也。弟則送之。汝之歿也。舉家痛哭。兄則在外酣嬉。不克親視含殮。越月餘而始知。既知矣。又不能以一楮一帛親奠於靈前。以盡吾哀思。是吾之負弟也夫。雖然、吾之負弟吾知之矣。弟之負我。罪將安贖耶。余素不事生產。家中俗務。與夫紅鹽白米之瑣屑。皆將於弟是賴。且余擬習普通。再習專門。以植根柢。今以汝故。而吾忍久客他鄉乎。是又弟之負吾也夫。雖然、弟之負吾者小。弟之負而妻子者大也。汝妻恬靜寡言。頗明婦道。方將依汝以終身。今汝撒手西歸。使渠青年守寡。情何以堪乎。縈姪僅三歲耳。後日之成立雖有可期。而對此藐孤。益增忉怛。懸想家中情狀。空房飲泣者非弟媳耶。匍匐靈前而徒事哀號者。非姪女與姪兒耶。有子而不能教。有女而不能嫁。有妻而不能畜。是又弟之負而妻子也夫。雖然、弟之負而妻子者猶小。弟之負吾父母者更大也。劬勞之恩。涓埃未報。而遽先朝露而逝。不孝之罪。已無可逃。況吾家運晦。五月之變。二老常切悲痛。弟又從而益之。老親之悲懷何能遣耶。再念及此。弟之罪更無可逭。而兄之泪更滚滚不止矣。是又弟之負吾父母也夫。雖然、弟死矣。弟死而已與草木同腐矣。吾之負弟耶。弟之負吾耶。弟之負而妻子與吾父母耶。弟均不之知。欲責而無可責。欲罵而無可罵。悲憤填胸。于邑誰訴。吾用是竊有憾於天焉。。夫天者、一氣所鼓盪也。豈有所謂主宰萬物者。報應之說。余向不之信。不信而又憾之者何也。憾其無知而若有知。。無心而若有心也。。吾嘗觀之一朝一代矣。所謂端人正士者。類皆貶竄流離。刀鋸之。戮辱之。有大節者必罹大難。有奇行者必得奇禍。而神奸巨憝。反得老死牖下。此固考古者之遺恨也。又嘗觀之一鄉一邑矣。鄉里善人。擇地而蹈。動輒得咎。而勢惡富豪。敗度縱欲。則又子孫繁殖。處境泰然。此亦社會至不平之事也。又嘗觀之一人一家矣。其子弟之篤厚而明理者。類多夭折。偶感風寒。便爾凋謝。而冥頑不靈。浪蕩不肖者。吸烟漁色。奄奄欲絕。乃疾病不死。飢寒不死。桎梏囹圄亦不死。若非天道之有知。。造物之有心。。故顛倒其局以嘗試。。不平之事如此類者。。自古至今何比比耶。。今弟固所謂篤厚而明理者。沾染時症。遂作古人。天道之有知耶。。無知耶。。造物之有心耶。。無心耶。。吾究亦不暇問。。但念廿年手足。。親愛奚如。。病不知其何時。。沒不知其何日。。音容長往。。曾不得握手一別。。石爛海枯。。此恨何極。。嗟夫、雁翼已折。萬事都灰。翹首雲山。滄然涕下。爰瀝淚和墨作歌以哭之曰。
余將行兮。弟執手而唏噓。弟已沒兮。余在外而酣嬉。關山遠隔兮。經匝月而始知。涕泗交流兮。徒夢想而依稀。含殮不克親視兮。余罪其不可誅。若非高堂之尚在兮。吾將與爾而偕逝。

永言期刊敘

言非一端也。有彼以為是而此以為非者。有彼以為非而此以為是者。果且有是非乎哉。果且無是非乎哉。此蒙莊之哲學。所以持絕對懷疑態度也。且立言亦綦難矣。當時以為迂。而後世蒙利者有之。當時以為適。而後世受禍者有之。開物之功。誣民之罪。一言當否。而利禍隨之。此古之真人所以有不言之教也。今世競以言相尚矣。大言炎炎。小言詹詹。各逞詞鋒。與世人相見。而吾校永邑學子遂亦有永言之刊。夫永言者。永人之言也。歌於永。哭於永。關係既甚密切。談言自必微中。刊中有論辯。有詩歌。言之不足。嗟歎之。嗟歎之不足。永歌之。倘亦言者無罪。聞者足戒乎。而一種邁往不屑之韻。與夫勇於改革之懷。譚瀏陽所謂衝抉網羅者。庶乎近之。詩曰。惟桑與梓。必恭敬止。愛護桑梓謂之恭。。改革桑梓亦謂之恭。。先民是程謂之敬。。當仁不讓亦謂之敬。。永人士對於斯刊之評論。貫山至言耶。杜牧罪言耶。見仁見知。可勿深論。余所欲言者。在乎立言之本也。。立言之本何在。曰培道德。曰求智識。今世固多能言之士。而能立乎其本者。實不易覯。中西哲人、固明告我矣。培根曰。學者當富於廈議。慎於著作。孔子曰。奮於言者華。文子讚義曰。神越者言華。言非不貴也。謂當先立乎其本也。。故願我同學。一方發紓讜論。警醒社會迷夢。一方植根深厚。博洽見聞。為發表言論之源泉。苟能是。彼聽吾言者。以為是也聽之。。以為非也亦聽之。。以為迂也聽之。。以為適也亦聽之。。言而當。。言可也。。默而當。。不言亦可也。。鶴鳴而天聞。。淵默而雷聲。。言歟。。必有以言者。。不言歟。。必有愈於言者。。言乎哉。。永言乎哉。。

廈市工程彙刊發刊詞

子夏曰、君子信而後勞其民。未信則以為厲己也。荀子曰、不利而利之。不如利而後利之之利也。不愛而用之。不如愛而後用之之功也。二子之言。其要旨莫先於立信。夫民財、有限也。民力、易竭也。不得已而有所興作。必使曉然於興作之主旨。與夫事實之經過。而後障礙悉除。怨咨胥泯。最終蘄向方可得達。否則、未信而勞之。不利而利之。不愛而用之。不特於事無濟。而怨毒之氣。鬱久必洩。利民愛民之舉。轉為病民殘民之端。吁、可畏矣。廈市市政機關之組織。近十稔矣。當局苦心經營。環境多方阻礙。非果民可以樂成。難以圖始也。以未明真相故耳。利之而謂是害我也。愛之而謂是憎我也。其弊即在於未信。今欲有以信之。非將箇中真相。盡舉而表襮焉不可。廈市工程彙刊所由刊布也。斯刊內容。大略有五。一特載。二法規。三公牘。四工程。五附錄。各圖表附焉。起民國八年。訖民國十六年。已往事實。都為一冊。名曰彙刊。凡手是編者。可因名責實。即委窮源。觀乎計屋給價。而知籌款之不易。觀乎對外抗議。而知因應之多艱。觀乎取土石有阻。定路綫有阻。築避風塢有阻。開水溝填糞窖亦有阻。而知頭緒紛繁不可究詰之市政。實賴當事威勸兼施。步驟調協。乃有此從容建設之日。若夫工程有遲滯。出納有舛錯。計劃有偏頗。亦可因此而知癥結之所在。當、則贊助之。弗當、則糾繩之。通力合作。何為而不成。或曰、廈市之應改良。夫人而知之矣。然難點頗多。害亦時形。不應加以考慮耶。余曰、否否。韓子不云乎。無難之法。無害之功。天下無有。惟法立而有難。權其難而事成則立之。事成而有害。權其害而功多則為之。市政至今日。事成於難。。功多於害。。倘因畏難避害之故。。而中道徬徨。。所謂愛棄髮之費。。而忘長髮之利者。。是豈知權者乎。。或又曰、工程固宜進行矣。然生遷居。死遷葬。神遷主。不騷然矣乎。余曰、否否。呂覽不云乎。誠能決善。眾雖喧嘩而不為變。故古來幹濟之才。當其奮勇圖功。雖被眾謗。犯羣疑。而不稍迴顧。其阻力愈多。。其成功愈大。。而當時之民。。亦率易詛咒為謳歌。。子產之伍田疇。。史起之決漳水。。非其例耶。。余更有言者。閩省糾紛。幾無建設之可言。惟此三十里海島。補苴罅漏。暫維現狀。乃得高談市政。西哲以機緣為成功之一要素。此種機緣。稍縱卽逝。故須急起而直追之。吉田松蔭曰、觀望持重。。為最下策。。何如輕快捷速。。打破局面。。然後徐圖占地布石之為愈。。市政進行。遺意可師。此尤當為廈民正告者也。總之、廈市之工程。不因難害而不為。不因喧嘩而變計。蓋害之適以利之。。利而後利其利溥。。憎之適以愛之。。愛而後用其功成。。而欲使一群之人明乎利害愛憎之辨。。則在乎徵信。。而斯刊卽為徵信之嚆矢。。

南歸別友書

舊國舊都。望之暢然。推是說也。遠遊而歸故鄉。人情之所甚樂者矣。余丙辰六月。來遊京師。苑囿、亭臺、古剎、靡弗至。丁巳春、道出漢臯。沿江東下。過安慶九江。抵京口。登金焦北固諸山。往浙遊西子湖。五月、由閩之金陵。探幽選勝。姑蘇虎邱亦至焉。重抵京。謁明十三陵。出居庸關。縱覽八達嶺及萬里長城。至察哈爾。遊如是。可浩然歸矣。歸如是。可暢然樂矣。而出都之日。反項項若不庭者。豈欲决性命以饕富貴耶。。抑欲聚祿以望人之腹耶。。非也。。余性寡合。無過人之才氣。既不能痛哭流涕如賈長沙。又不能呫囁耳語如程不識。又不能若就若和、不入不出、如蘧伯玉之示顏闔。持方枘。内圜鑿。縱久居此。其不入也如故矣。況余蟄伏都門。大都呀呀而噍。鄉鄉而飽耳。逸則呰。呰則窳。既呰且窳。而墜落隨之。余時用兢兢焉。今得歸。復其初矣。而不以為甚樂者。其故何歟。夫古人厭朝市之囂。固有買山而隱以自樂者。今何時乎。出國門一步。暴骨如山。處處荊棘矣。在上者投鋸購告。在下者椎埋為奸。謹愿之民。重足一迹。雖為之逢蒙視。詘腰橈膕。有不免者。林下優遊。今不異於古所云耶。抑余此次抵京。友朋文酒之樂。視家居為盛。魚門醉我以酒。公荊起我以詩。倣田招我以野遊。空北貺我以神話。莊諧雜出。抵掌縱談。往往鐘鳴漏盡。笑聲猶震鄰壁。自謂此樂之無極也。酒方酣。。詩乃味。。遊方健。。話方投。。以一歸故。。空我杯。。擱我筆。。閒我屐。。寡我聞。。若是、余之歸則亦何樂之有哉。。雖然、余固不以歸為樂。而欲不歸。則必求一可以不歸之所。於是乎不能痛哭者必假痛哭。。不能耳語者必學耳語。。不能若就若和、不出不入者。。必造乎若就若和、不出不入之境而後可。。取舍滑心。飛揚其性。此尤余之所大不樂者矣。且憂樂至無常也。樂者有時而憂。憂者有時而樂。人能虛已以遊世。其孰能害。行賢而去自賢之行。安往不愛。歸臥故鄉。幸而桴鼓不作。雞犬無聲。看龍川之月。。踏東寶之雲。。沽村酒。。唱村詩。。交村友。。謷然儻然。。安知今之項項然不庭者。。異日不暢然以為甚樂歟。。

閩省民政之改革

國者、縣之積也。縣不治。國受其弊。陸氏世儀曰、今之治天下。全在擇守令。令之得人與否。縣之治亂係之。其有關民生。非細故也。

（一）閩省民政之現狀

閩省戢戢受軍治久矣。民政日壞。民生日蹙。語曰、琴瑟不調。須改弦而更張之。則改革之方尚焉。夫閩省吏治之敗壞。壞於仕途冗雜者半。壞於軍隊割据者半。自銓選政廢。販夫走卒。皆可臨民。名器之濫。至斯而極。而各軍雄視一方。縣長人選。胥歸夾袋。否則、拒絕。民政廳畫諾而已。縣長進身。既有背影。則對其主之需索。自惟力是視。承歡固寵。。無所不至。。人民疾苦。。不暇問也。。朘民膏以為利。亂是用興。此亟宜改革者一。間有脫軍人之羈絆。思有所建樹。而處此病態政治之下。無從課以事功。查閩省一等縣政費。月僅七百餘元。二等六百餘元。三等五百餘元。地域遼闊。政務殷繁。區區數百金。不特政費不敷。贍家抑且不給。以故謹愿者尸位以誤事。貪婪者納賄以壞事。壞事召亂。誤事釀變。其為害一也。此亟宜改革者二。漢世居官者長子孫。降至遜清。實缺猶任以六年。今縣長任期。雖有三年之規定。而保障無法。冰山朝倒。免令夕至。此等情形。於閩尤甚。故倖博一官者。皆視同傳舍。即遇有為之士。思藉手以自見。而新政方敷。。爪期已屆。。圖始者未必要終。。此亟宜改革者三。縣長者、長一縣之事也。閩省自改良司法。而承審設員。財委濫派。而捐稅劃分。所謂公安、教育、建設、諸大端。多未遑顧及。省庫奇絀。。所最關心者。。端在催科二字。。欲禁烟賭。。則軍人抽捐。。欲平盜匪。。則警力不足。。閻若據曰、今之所謂知縣。知一縣之錢穀而已。。痛哉斯言。於今為烈。此亟宜改革者四。漢時郡國守相。皆自置吏。並用本郡之人。吏由自置。。則聞見真。。人用本郡。。則利病悉。。今縣府所屬局長、科長、科員等。多由縣長呈請核委。且不拘籍貫。似與漢制無大異。而長官徇情囑託。比比皆是。非自置本意。闔署椽屬。復隨縣長為去留。縣長一解職。樹倒猢猻散。平時無久於其任之思。。臨去又有因緣為奸之慮。。縣政之隳毀於冥冥中者。。當必不少。。此亟宜改革者五。

（二）改革之方法

改革之道若何。亦惟就顯著之病狀。而施以對症之方而已。陸氏之論用人也。曰、寬收而嚴試。久任而超遷。爰本斯意。擬具方法五項如下。

（一）明試以授官。　考試制度。雖有流弊。較為公平。闔省縣長。曾為一度之考試。而考者自考。用者自用。因試而得官者。最少數而已。欲杜斯弊。宜請中央將考試合格人員。分發來閩。民政廳須守一信條。凡非考試分發人員。不得補缺。希榮干進之徒。無所覬覦。又於省會設課吏館。實行訓練。逐月考校。即以名次之高下。為輪補之後先。筮仕之人。將爭自磨厲。力求赴上。而不開倖進之門。如此、則仕途可清。軍人干政之風可戢。即中央政令。亦得行於閩中矣。

「附註」查能文之士、未必通知世務、尤未必整躬率物、故考試人員、不皆良吏、愚意省內外果有廉明之士、已往政績、彰彰在人耳目者、不妨由長官薦辟、以免遺珠之憾、蓋好官難得、多一學道之人、即多一愛民之人、但此為例外、仍以明試受官為原則、庶免夤緣而杜奔競、其薦辟條例、由省府另定之、

(二)重祿以養廉。 前代官吏。皆有職田。其祿固甚重也。漢光武之增秩。。宋藝祖之益俸。。唐楊綰為相。承元載汰侈之後。欲變之以節儉。而先增百官之俸。。皆所謂達化理之原者。。今閩省縣署經費。如此窘迫。視古制固差。視他省亦薄。顯

示之刻。。陰縱之貪。。簠簋不飭。。禍亂叢生。。理也亦勢也。。愚意宜力增俸給。並寬定公費。一等縣長月薪七百元。秘書科長各二百五十元。二等縣長月薪六百元。秘書科長各二百元。三等縣長月薪五百元。秘書科長各一百五十元。其他科員、事務員、及僱員、公役、均應優定薪餉。使服務養家。不感困難。此舉果行。倘仍有舞文弄法。妄取民財者。即以峻法嚴刑繩其後。雖置之重典。弗恤也。至於行政、財務、司法、各費。亦寧寬毋嗇。如此、則良吏益廉。才吏得展。墨吏斂迹矣。

「附註」查閩省各縣、大都成有匪縣分、宜將警察改辦警備隊、大縣一百五十名、中縣一百二十名、小縣一百名、此項警兵、即由省防軍挑選充任、分駐各縣、約省一師餉項、每年可省二百六十四萬元、合原支民政經費一百萬元、共計有三百六十四萬元、今照增俸加費辦法、益以警備隊餉項、大縣年支七萬元、中縣年支六萬元、小縣年支五萬元、以閩省六十四縣計之、每年應支縣府經費三百八十四萬元、所差僅二十萬元、以一省之大、不難籌此區區也。

(三)久任以觀成。　查現行縣組織。縣長任期三年。成績優良者得連任。未嘗非久任之意。而按之閩省實際情形。縣長在職之久暫。全視背影之有無。既如上述。所謂徒法不能自行也。今宜確定久任之法。縣長在規定任期內。非有犯罪及特別事故。不得撤換更調。居官者不存五日京兆之心。其有應行升叙者。俟其任滿後。按等遞升。民知其在職日久。不可欺罔。自服從政令。而吏治蒸蒸日上矣。

(四)假權以明責。　今之縣長。實一糧胥也。其他政務無聞焉。甚者縣府為駐軍供給所。縣長為駐軍差遣員。親民之官。淪落至此。其受治之民可知。今閩省既設綏靖公署。以地勢論。綏靖區域。最多或不過五區。國軍即駐此五區之內。遙為策應。而各縣警備隊。即以縣長為隊長。既無駐軍之壓迫。而有相當實力。則措施不虞掣肘。捐稅宜統一徵收。財廳不得濫委。烟賭應切實查禁。駐軍無從保護。一旦地方有警。即率警備隊、尅期撲滅。毋使滋蔓。若遇大股悍匪。衆寡不敵。即電國軍進勦。而以警隊為鄉導。又設電話以通消息。築公路以便運輸。綱繆未雨。防範未然。以實心行實政。盜賊未有不平。地方未有不靖者。事權既專。。責任宜負。。後此之縣長。。當負與城存亡之天職。。如仍有臨危脫逃者。。雖殺無赦可也。。

（五）辟屬以圖功。　自辟僚屬。固為古今不易良法。然亦須規定久任。方有實效可期。愚意宜訂一閩省單行法。凡縣長赴任。僅許帶秘書一人。會計一人。對其他各員。不得以意為去取。各縣科長科員等。果為考試合格人員。概定為終身職。非有罪不得解除。其升敘亦按等遞升。一等縣之科長。如成績卓着。得升縣長。人有恆業。。自有恆心。。關吏郵員。。以舞弊聞者較少。。非其人之能介也。。有永久之職務。。非甚貪污。。雖教之黷貨而弗為。。公務員潔己奉公。。地方元氣。。保全不少矣。。

凡茲所陳。幸皆古義。非有新奇可喜之論。且多為近制所採取。乃法令徒具。。而效驗不著。。此又有治人無治法之說也。。果行以決心。持以毅力。貫以大公無我之精神。。閩省民政自有挽回之一日。善乎朱子知潭州上封事曰。安民係守令賢否。

而本源則在朝廷。。愚則謂今日之事。。亦在政府當局而已矣。。

漢書儒林傳各經師傳受表（並說明）•

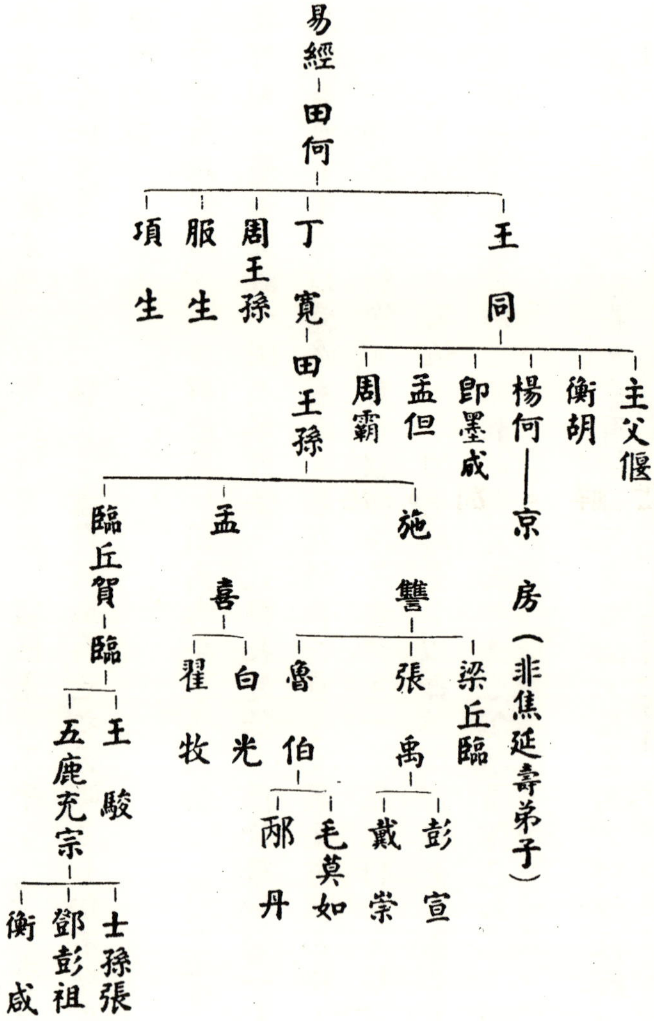

易之別派

- 費直—王璜
- 高相
  - 高康
  - 毋將永
- 焦延壽—京房
  - 殷嘉
  - 姚平
  - 乘弘

按易學雖由孔子授商瞿。瞿授橋庇。庇授馯臂。臂授周醜。醜授孫虞。虞授田何。然漢興。言易者本自田何。故以田何為始。解經專在章句。費直、高相、生既同時。均無章句。自應認為別派。相雖自言出於丁將軍。未可信也。焦延壽之易。雖弟子京房以為即孟氏學。而當時翟白二生。即不承認。後來劉向校書。亦以京氏易說。獨異師承。漢世解經。最重家法。豈有學果出於長卿。而獨標異幟之理。故亦列別派。 至丁寬雖從周王孫受古義。梁丘賀亦曾受業於京房。茲表略之。

- 書經—伏勝
  - 張生—夏侯都尉—始昌—勝
    - 孔霸—光
    - 建—張山拊
      - 李尋
      - 鄭寬中—趙玄
      - 張無故—唐尊
      - 秦恭—馮賓
      - 假倉
    - 周堪
      - 牟卿
      - 許商
        - 唐林
        - 吳章
        - 王吉
        - 炔欽
  - 歐陽生—兒寬—歐陽生子—高
    - 林尊
      - 平當
        - 朱普
        - 鮑宣
      - 陳翁生
        - 殷崇
        - 龔勝
    - 地餘—政

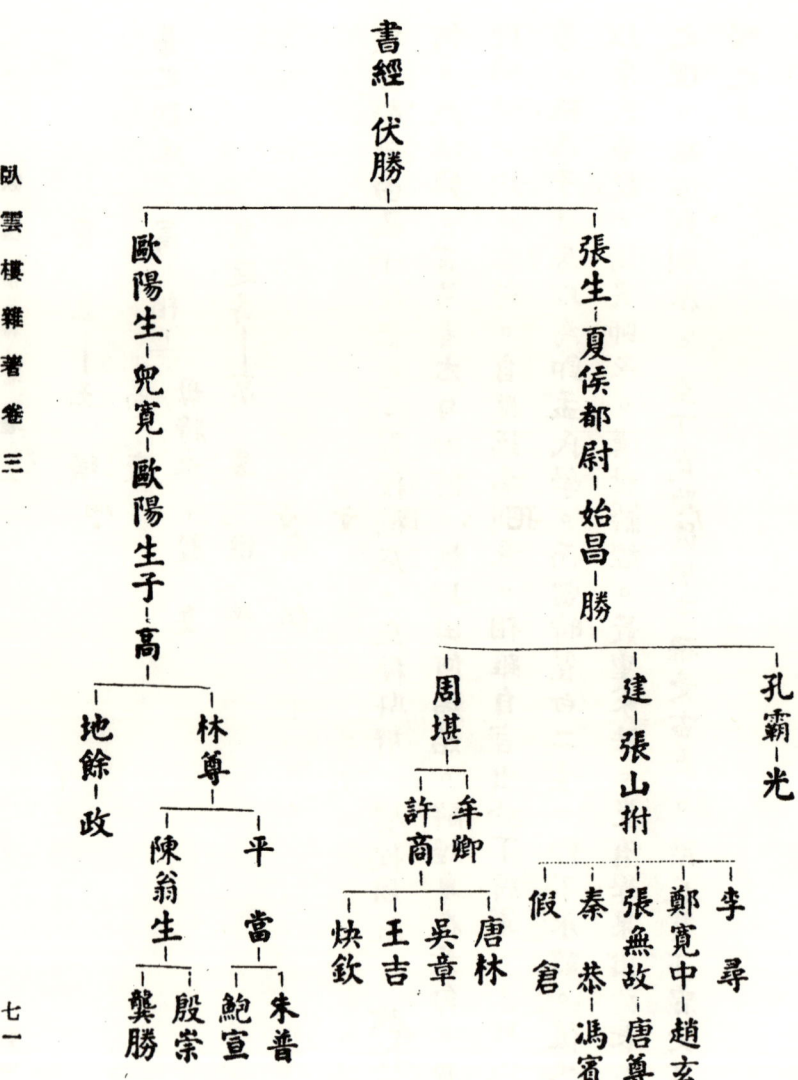

古文尚書—孔安國—
- 都尉都—庸生—胡常—徐敖—
  - 王璜
  - 塗惲—桑欽
- 司馬遷

按尚書支流有三。曰歐陽氏學。曰大夏侯氏學。曰小夏侯氏學。孔安國以今文讀古文。因以起家。（漢所謂古文、蝌蚪書也、所謂今文、隸書也、唐玄宗詔學士衛宏改古文從今文、唐所謂古文、隸書也、今文、通用俗字也、語本馬端臨）漢初言書。僅二十九篇。至安國得逸書十餘篇。而尚書茲多。自應另列一表。而傳受之迹始明。至周霸、賈嘉、傳中僅稱其能言尚書。而師承缺如。雖兒寬曾受業於安國。夏侯勝曾事簡卿。孔光曾事牟卿。茲表概從簡略。

齊詩—轅固—夏侯始昌—后蒼—
- 匡衡—
  - 滿昌—
    - 張邯
    - 皮容
  - 師丹
  - 伏理
- 蕭望之
- 翼奉

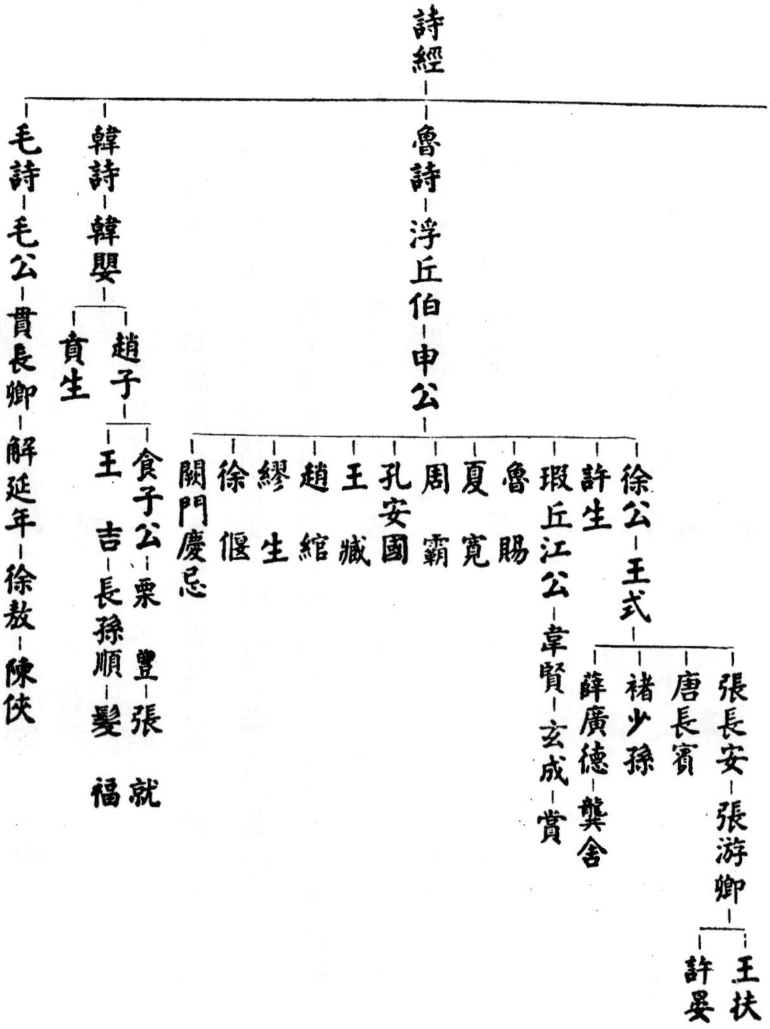
詩經
魯詩
浮丘伯
申公
徐公
王式
張長安
張游卿
王扶
許晏
唐長賓
褚少孫
薛廣德
龔舍
許生
瑕丘江公
韋賢
玄成
賞
魯賜
夏寬
周霸
孔安國
王臧
趙綰
繆生
徐偃
闕門慶忌
韓詩
韓嬰
趙子
食子公
栗豐
張就
王吉
長孫順
髮福
賁生
毛詩
毛公
貫長卿
解延年
徐敖
陳俠

按申公轅生所治之詩。既曰魯詩齊詩矣。而韓毛二詩。不曰燕趙。而曰韓毛。從其著也。若楚元王交、及郢、雖均受詩於浮丘伯。哀帝雖受詩於韋玄成及賞。而無關於授受之迹。故略之。至王式、韋賢、雖均兼事許生。而為列表簡明計。亦概從略。

禮經—高堂生—瑕丘蕭奮—孟卿—
- 后蒼—
  - 聞人通漢
  - 戴德—徐良
  - 戴聖—
    - 橋仁
    - 楊榮
  - 慶普—夏侯敬—咸
- 閭丘卿

按本傳云。漢興。魯高堂生傳士禮十七篇。而徐生善為頌。頌者容也。徒為容貌威儀之事。而不能通經。故略之。

- 公羊傳
  - 胡母生
    - 公孫弘
  - 董仲舒
    - 褚大
    - 段仲溫
    - 呂步舒
    - 嬴公
      - 孟卿
        - 疏廣
          - 筦路
      - 貢禹
        - 堂谿惠
          - 冥都
      - 眭孟
        - 嚴彭祖
          - 王中
            - 公孫文
            - 東門雲
        - 顏安樂
          - 冷豐
            - 左咸
            - 馬宮
          - 任公
          - 冥都
          - 筦路
            - 孫寶

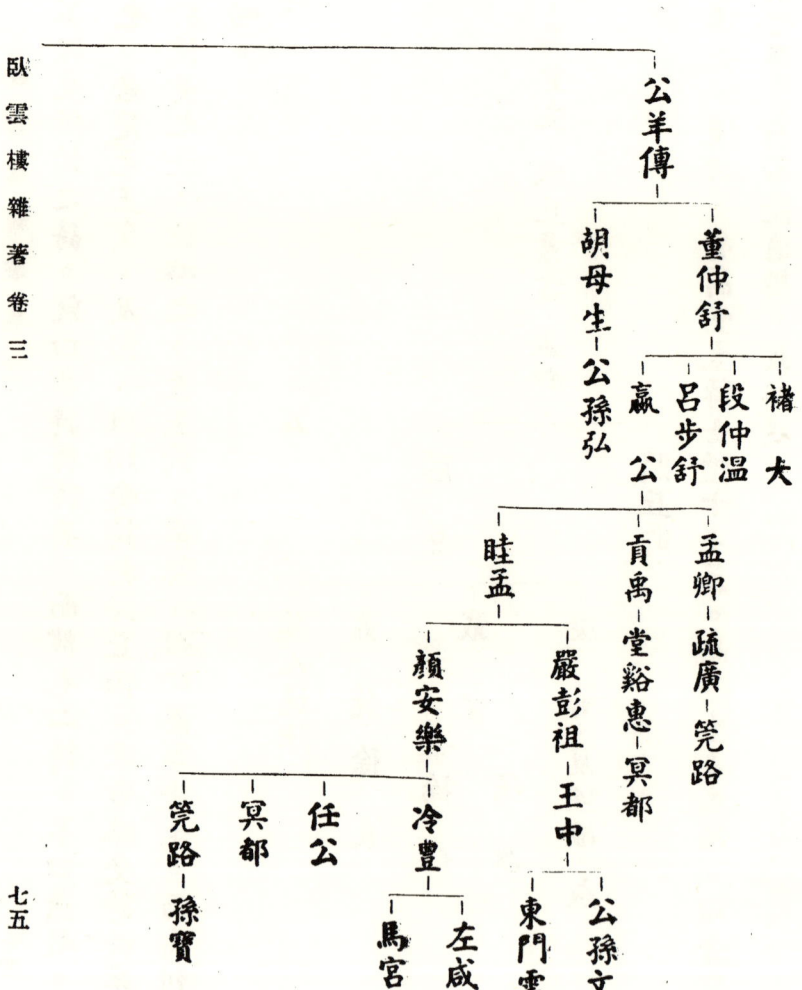

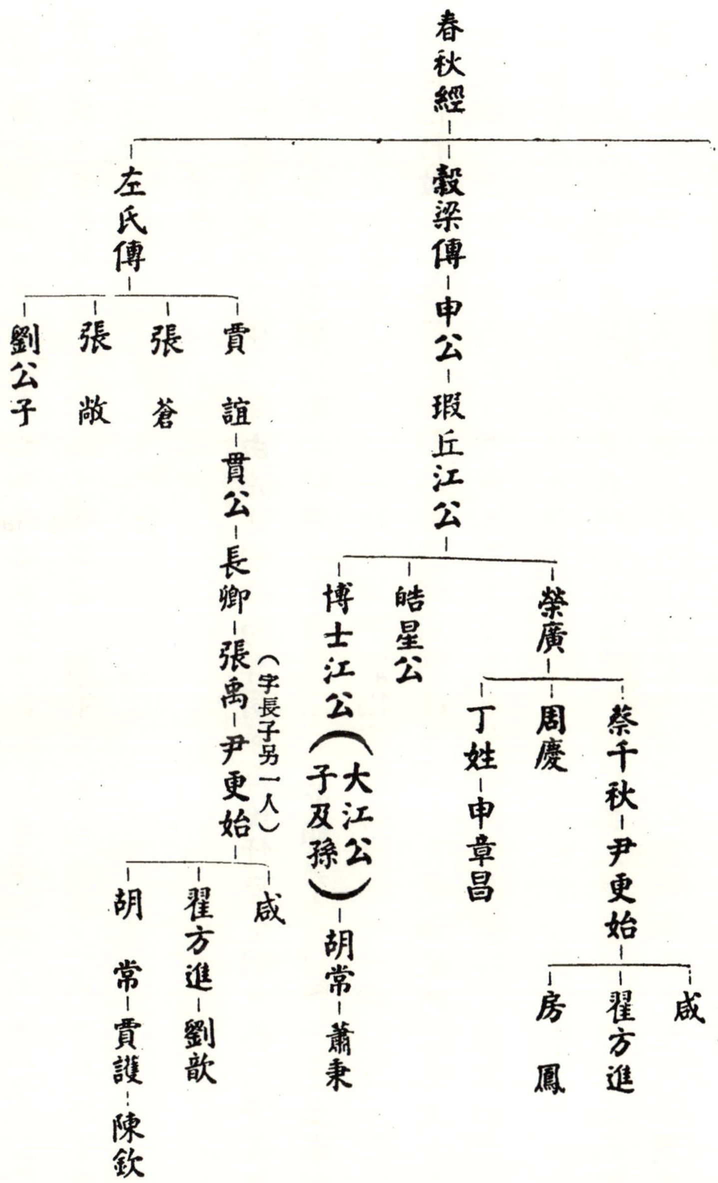

按本表凡兼有師承者概略之。而公羊家莞路、冥都、兼事顏公孫。獨並列之者。

以顏氏冷任之學外。又有莞冥之學。則其迹自不可掩也。貢禹雖學成於眭孟・而仍屬於嬴公。從其始事也・穀梁家蔡千秋、雖兼事皓公・左氏家劉歆、雖兼事尹咸。茲表從略。至尹咸、翟方進、胡常、兼治穀梁左氏。此則不宜漏列者矣。

苦教育

大凡一種學説的產生。都由於救當時的弊病。無論什麼文明。積久便成朽腐・朽腐便有流毒。流毒到極點的時候。定有所謂「蒼頭異軍特起」。出來和這風尚宣戰。這是一定的道理。數年前教育界提倡種種的思潮。一時興高采烈。好像奈端提倡打破一切偶像。譚嗣同主張衝决網羅一般。究竟話說的太過火。引起他方的反動。近來這種思潮。漸漸低落。卽自命做新式教育家的。亦拿出「嚴加訓練提高程度」八個字。來向大衆懺悔了。

「苦教育」這個名詞。不是我提倡的。我不過「拾人牙慧」。做救弊的談話。記得民八那一年。到無錫參觀學務。見着競志女校校長侯葆三先生。他對我說提倡

「苦教育」的必要。和他「苦教育」的實施。談了半天。兩個人覺得儘對勁。後來仔細觀察該校。關於教授訓練方面。在在都表現那「苦」字的真精神。我那時很信仰侯君言行一致。這「苦教育」三個字。就印入我腦海中。不容易消滅。再加上這幾年來的經歷。越覺得苦教育的提倡。是不可少了。

(一)就先民遺傳的別業方面說。此項教育有提倡的價值。　我國能實行「苦教育」的人。頭一個要算墨子。他的非樂篇說。「賴其力則生。不賴其力則不生」。節用篇說。「各從事其所能」。節葬篇說。「人為其所能以交相利」。這話頭和「勞作神聖」主義最為相合。就和社會學者所說的「各盡所能各取所需」的格言。也無絲毫的差異。所以莊子天下篇稱他的徒弟。很信仰他的教訓。個個是「日夜不休。以自苦為極」。據這樣說來、墨子豈不是一個「苦教育」的老前輩嗎。因為其道大觳。……天下不堪。所以墨學到了漢朝就漸漸衰滅了！清初有個博野縣顏元。很像墨氏。他的教人。標出「非力不食」四字。他常說。「養身莫善於習勤。夙興夜寐。振起精神。尋事去做」。又說。「習行於身者多。勞枯於心者少」。這種論調。很給大家一種深刻的教訓。所以他的門生。或耕田。或醫病。或學技擊。或學兵法。都令他各學一藝。把實學換虛學。把動學換靜學。把活學換死學。和最近教育新思潮也很相近。若教育既有這麼久遠的歷史。豈不是有提倡的價值嗎。

(一)就近來學生的生活方面說。此項教育也有提倡的必要。　我國學生。對於衣食住三項。比前輩考究的多。加以誤解衛生。不注意精神的修養。偏注意形式的講求。享用太過的結果。不但使身體不能健全。意志也因之薄弱。現在不耐求學。後來何論做事。得了這種毛病的人。趕快要吃這劑「苦」藥。書經說。「若藥不瞑眩。厥疾不瘳」。就是這個道理。我近日剛讀章太炎先生的俱分進化論。他說。「若以生計言。則樂亦進化。苦亦進化」。處這物質文明發達的時候。羣眾的意欲。都趨於盲動。人人以求樂為目的。將來給他的求。養他的欲的東西。當然不彀。荀子所說的「欲多而物寡。寡則必爭」。這話我很相信的。是我人不但樂不可得。苦反加多了。所以定要拿「苦教育」來做磨練學生的工具。使他身體頑健。意志强固。防制這種「欲」的過當。這不是一種很必要的事情嗎。

梁任公嘗提倡趣味教育。我今來說苦教育。這不是成個反比例嗎。其實不然。趣味教育是就情感方面說。「苦教育」是就理性方面說。實施這苦教育。不過磨練學生的身體和意志。來做這「意欲」的諍臣。若學生對於科學。對於人生觀。是應該富有趣味的。不應該苦的。那麼苦中有樂。結果不仍是有趣味嗎。

至於墨子的行為。顏元的學說。在當時便說他太乾癟了。況生在這科學昌明的時代。要人人跟着墨子顏元跑。是大難的事。梁任公說得好。「物質的生活。精神的生活。當互相調和。……凡生在這環境的人。要在不豐不觳之間」。這話是很折衷的。若我的話。是因大家都說快樂。都說趣味。所以特意來唱反調。當做下個對症藥。雖不成什麼學說。也妄托一種救弊的苦心罷了。

卧雲樓雜著卷四

詩存

對雪吟

舉首向天天欲雪。。茫茫觸景思前哲。。尋梅持節仰高風。。訪戴敬程聞遺說。。古人因雪得傳名。。古雪因人更生色。。吁嗟乎、雪則猶是人則非。。鄙哉我徒一肉食。。去年此日正驅車。。大雪漫漫來供職。。今年此日復催征。。積雪滿山飛鳥匿。。年年臘雪滿征衣。。雪似故人頗相得。。無奈我生才力薄。。欲比前賢愧未若。。讀書祇好葉公龍。。食祿無殊衛君鶴。。題詩莫踢鸚鵡洲。。畫像不上麒麟閣。。領雪長歎歌一曲。。歎聲未已雪聲續。。無可消寒酒一杯。。作何遣悶詩一束。。吟成雪霽酒力醒。。到處追呼歎吏俗。。

老婦吟

老婦攜孩泣於路。。倉皇下馬急問故。。婦言昔日家小康。。有廬有田畢嫁娶。。未幾夫死子游蕩。。癖愛芙蓉吞吐霧。。屈指歷年不過五。。房屋田園都易主。。青年弱媳悻去帷。。母去一孫又欲賣。。若敖之鬼今餒而。。泣請拘子痛鞭笞。。鞭臀未過百。。老婦淚交垂。。低頭頻搖手。。登堂復致詞。。妾身四十苦無嗣。。禱天祝佛生是兒。。使君重責冀知悔。。老婦對此痛心脾。。我聞此語發長歎。。深歎老婦何其癡。。從夫端在初嫁日。。教子當在甫生時。。有養無教事姑息。。覆家蕩產愛不移。。繼思愛子本天性。。使君有母亦如斯。。兄弟八人姊有三。。劬勞不忍一撻為。。若將老母比老婦。。不同者教同者慈。。高堂萱草敷榮日。。曾無甘旨供庭幃。。今日服官思祿養。。風木蕭蕭恨已遲。。老婦有子蕩可惜。。使君無母悲不悲。。

無可奈何吟

糟糠之妻不能忘。。鶼鰈飛潛常兩兩。。飢來捉向官裏去。。玉臂清輝勞夢想。。當時亦思盡室行。。世亂一官如踐更。。下車以後政清簡。。四境翕然起頌聲。。挈眷乃敢告從者。中道小醜復稱兵。深閨聞戒行不得。千里與夫空計程。隔墻夜聽懊儂曲。一雉朝飛能無情。康成泥中無詩婢。志和竹裏少樵青。衙齋寂寂似僧舍。曹騰縱酒學劉伶。半醒半醉舊夢尋。夢見山妻寫我心。一宵話盡經年別。別後言情情彌深。屋角一聲雞破夢。殘燈如豆對孤衾。披衣曉起寒窗坐。吟此無可奈何吟。

春日偶成

百年人事鏡中花。顧影初驚鬢欲華。羡煞離離原上草。逢春猶得茁新芽。

庭前細草碧於油。天放晴明鳥語柔。怪底今年春較暖。花朝時節卽輕裘。

春日舟中卽景

春雲淡淡雨凄凄。獨坐疏篷首自低。無限情懷悵觸處。杜鵑花裏鷓鴣啼。

桃花水漲好行船。兀坐連朝靜似禪。輸與溪鷗春夢穩。不因風浪悞酣眠。

明妃

紫臺一去朔風寒。手抱琵琶淚暗彈。蔡女入關妃出塞。漢家天子愧曹瞞。

七夕漫興二首 甲戌年

天孫年年織錦裳。帝憐獨處嫁牛郎。新婚燕爾織事荒。召之歸守河東房。一年一夕許翱翔。三百五十九日遥相望。奪愛毋乃兩情傷。曷若下界自由良。不蠶不織事徜徉。歌舞游泳騁所長。携手同行滿街坊。樓台夜夜膏澤鄉。欲離欲合各任意。無拘無束真上治。老天近來亦解事。不敢下問人間世。

同夢未甘促渡河。聚時恨少別時多。況復人間一夕過。天上曾無一刹那。泣且不足歎尤俄。別淚年年雨滂沱。君不聞王質採樵山之阿。殘碁未終斧爛柯。十二萬年一擲梭。天人修短較若何。神仙之侶恨難馱。何如塵世唱隨老公婆。

出都車上口占

京華塵夢渺如烟。歸去春光欲暮天。不信鬢多窮到底。消磨輪鐵已三年。

閩中雜感

海嶠風雲眼底收。。三山有約會名流。。文章未必成芻狗。。心事猶堪問海鷗。。幾輩青年誇炙手。。數莖白髮不饒頭。。西湖話到紅羊刼。。簫管聲沈鼓角遒。。

早知林下足優游。。去住隨緣兩不謀。。覓食何如信天鳥。。彈冠無異笑人猴。。柳腰易折休輕折。。釣餌雖鈎莫上鈎。。薖軸忘懷求利祿。。侯門一刺肯先投。。（友人薦當道當道召見余謝之）

墨敕斜封儘自由。。羊頭一例笑公侯。。閩山回首迷春夢。。萑水驚心憶舊遊。。故我依然堪自了。。因人成事太無謀。。家園也有高吟地。。收拾琴書卧小樓。。

蹊田何意奪人牛。。今古真如貉一邱。。亂世有仙雞犬貴。。名山充隱鶴猿羞。。牧民輸與栘中監。。察吏翻為階下囚。。（時某道尹為軍閥杖禁）我異長安飲冰客。。茫茫烟水棹扁舟。。

次楊摶文韻

奔馳南北自年年。。遑問王前與士前。。老驥困鹽無棧戀。。春蠶作繭苦絲纏。。於今泰谷聞鄒律。。何日藤江遇米船。。濁酒孤燈風雪夜。。懷人情緒奈何天。。

冬日下鄉卽景

勾稽案牘日紛紛。策馬郊原意轉欣。花落泥中蹂作絮。。風來水面縐成紋。。寒山雨後仍如睡。。野老冬間不廢耘。。欲宿又憐供億苦。一鞭歸去趁斜曛。。

仲起將遊金陵修志承　示郭王二君送別詩依韻和之

垂老方爲客。。南都倘聚賢。。何人吹劍吷。。有集等匏堅。。文獻千秋業。。鶯花二月天。。長江爭渡馬。。獅子正酣眠。。

贈仲起之金陵

巖在萬山中。。山山皆向外。。故老有恒言。。他遷族乃大。。在蜀吳方興。。在粵顏未退。山川縱有靈。人文萃都會。吾州小池陳。遷居符斯例。科第既聯翩。文章亦壯麗。吏部日月光。極盛竟能繼。一自龍德潛。杜鵑空雪涕。（仲起有觀杜鵑詩甚淒楚）發蒙硯欲荒。高吟户常閉。我來從之遊。誰與歌有杕。江南鶯正飛。羣賢約修禊。送君自崖返。舟行嗟不繫。

乙亥秋　稱老年八十作詩自輓予意不謂然惟序云相憐暮景固同此情緒也

因徇其意依韻奉和

元亮作輓歌。歌罷奈愁何。預凶雖非禮。來日本無多。祝嘏詞應廢。陽春調獨高。詩人例有後。玉樹正交柯。

山木傳名語。處身材不材。胸中有邱壑。眼底即蓬萊。世事齊修短。真人忘樂哀。不亡死亦壽。適去還適來。

按和詩計五首三首見前集補錄二首

丁丑春將粵遊仲起作詩尼其行依韻奉答

識鑒誰如許子將。。欲憑片語决行藏。。贈無勺藥（勺藥一名將離古者以之贈別）剛修禊。。（溱洧一詩為修禊之權與今方三月故云）寄等當歸值杖鄉。•魚服漫遊終有悔。。猪肝甚味累堪傷。。箇中動靜忝應透。。占易何曾遇喪羊。。

離巖十一年丁丑春有思歸意仲起亦巖籍也賦詩志慨依韵和之

登高望故山。。我老不得逸。。矗立雙雲根。。有人呼欲出。。繖兜壞家居。。保障遂之術。。率土少安泯。。有生憤所切。。天心肯悔禍。榮懷或可必。我年欻平頭。苟全亂世日。親知半凋零。人事坐蕭瑟。榮利靡所期。。饔餐幸無缺。少年濟時志。。及今老無述。。晚得陳子仲。還往逾親暱。平生望益心。。交臂遑敢失。。文字相娛嬉。。（用韓句）游戲絕爭逐。。載賡山木歌。。使我中心悅。。

放風箏

時賢從政無闕失。翻笑姬公陳無逸。酣歌恒舞事尋常。踢毽放箏關藝術。丈夫意氣本干雲。。謂有至理言或實。。君不聞襄樊羽書紛告急。。相公葛嶺鬬蟋蟀。。

鶴歎

鵁鶄羣集鶴翶翔。。將雛宅是水雲鄉。。覓食信天又不舞。。一聲清淚斷人腸。。失林幸有舊時侶。友聲相助相扶將。挈而獨立雞羣中。雖不乘軒尚有粮。衛公丁相顧之怒。迴翅不嫌路阻長。一囊舊料堪供養。飲啄戀戀梓與桑。忽聞山山張網羅。。振翮仍覓客中窠。。無端途遇趙清獻。。得與古琴相摩挲。。未幾又遇林逋仙。。合與寒梅共蹁蹮。。千年松樹亦何有。。九皐冀可聲聞天。。鶴兮鶴兮爾莫思。覆巢安有完卵時。彼此同是一邱貉。問你去去將何之。嗟嗟、去駭從駭舉胡為。。夜半飛鳴無了期。。不如化鵬徙天池。。

丁巳十二月十九坡公誕日偕叔田幼衡空北放園魚門博生公判飲陶然亭

蜀山峨峨蜀水清。相如之後坡公生。相如辭賦善諷諫。坡公才氣更縱横。公去詎今八百載。公名猶令後人傾。臘月十九公降靈。荐椒雅集陶然亭。祭餘朋輩且大嚼。豪飲狂歌盃不停。座中有客信皮相。謂我髯多肖公形。況復眉山有作者。文章應似刀發硎。我聞此語媿且歎。嘆我求學迷畦町。鄰靡二仲見聞錮。欲撞洪鐘徒以莛。今髯欲與古髯比。何異爝火比明星。幸有一端繩祖武。出處大節辨渭涇。臣微不敢他途進。斯語勝衣座右銘。卽今士夫工奔走。我隱朝市户常扃。閒來讀秋水。悶極醉醁醽。有孫如此雖不肖。亦尚無越先正型。江亭此日酎清酒。公應掀髯狂笑乎冥冥。

和　任廬喜次兒由粵抵鼓原韻

南飛有小鳥。繞樹已無枝。脫險真徼福。紆尊屢問卑。休談新世運。結想舊交知。嶺下雲孤處。釣龍憶昔時。（任廬時居南台嶺下卽釣龍台舊址）

過蘇小真娘墓

西泠橋上劍池濱。爭弔香魂綺語新。。兒女何關興廢感。。由來好事屬詩人。。

別友

十年不相見。相見亂離中。面目何曾改。。鬚眉尚昔同。。飛搶看鬭鷄。。得失任雞蟲。。蠻觸渾閒事。。舉盃一笑空。。

自笑人如鳥（友由京之滬之省之廈謂猶鳥也）天空任去來。。燕京營舊壘。鷺島試新醅。好夢三更醒。。（友來廈謂作好夢別則夢醒矣）平原十日陪。。巖中山石秀。鴻雁正鳴哀。（巖山石如畫。以不得同遊為恨）

海外歸旋到廈修志孝師詩來問訊依韻奉和

歸從海外尚無田。。白首扶筇想息肩。。漫詡名山修絕業。。萬般惆悵海雲邊。。

胸饒左癖說征西。坐對名賢思與齊。我憚為犧甘伏處。。周郊斷尾有雄鷄。。

竊鉤有罪呪侯門。。小雅詩人怨彼昏。。今古由來邱一貉。。滄桑閱盡欲無言。。

蘆溝戰火自年年。況復三年萁豆煎。雲霧低垂羣籟寂。。不堪萬事暮秋蟬。。

上巳日小蘭亭雅集口占

小小蘭亭跡已疏。。可堪上朔永和初。。龍蛇起陸玄黃血。。莽莽江山待祓除。。

戲繡伊

臣心如水門如市。。唐喪口津價莫論。。一室周旋惟我我。。怪君何不學西村。。（呂西村作我我周旋圖）

松菴避居鼓嶼適屆六一壽辰作此贈之

君本翩翩美少年。吟詩最愛寫濤箋。。平頭歲月堂堂去。。亂世功名着着先。。風雨愁人來海嶠。。琴樽聚首憶杭川。。（光澤別名）洞天介壽無多語。妻羡齊眉子象賢。。

小石老人以送春詩索和勉成四律錄呈　郢政

空山無壑可藏船。負走寧知別有天。帝子花飛淪上國。王孫草長悵離筵。揮戈難返將沉日。感遇徒傷不舍川。底事東風偏好弄。。強分春色到遼邊。。

徐徐臥也覺于于。與古為徒道益孤。自昔神龜寧曳尾。秪今腐鼠嚇靈雛。千秋風景常如此。一例榮枯更不殊。我有我身遊物外。何須瞿鵲問長梧。

此去方知夏日威。。古今興廢一枰圍。。蒼茫大陸神龍蟄。。寂寞紇干凍雀飛。。花謝上林猶有戀。。燕辭故主欲何依。。河山錦繡渾無奈。。太息東皇力已微。。

吾亦欲東詎為誰。久居鬱鬱再難遲。因人碌碌固非計。擊節聲聲有所思。谷口何來丞相印。。晉陽又拜契丹祈。。劇憐税駕終無處。淒絕滔滔零雨詩。

立秋口占

海上逢除夕。江皋又立秋。光陰原過客。身世一浮漚。到處爭談虎。。何人問喘牛。。雞鳴吾怪早。（新居對雞鳴石）風雨正侵樓。。

悼鳥（家畜二鳥一飛去一死於貓意有所感作此悼之）

有鳥來南島。喙紅淺於鸚。雙栖雕籠中。悦目亦怡情。其雄忽飛去。雌者常悲
鳴。畫蔭庭樹間。夜懸簾内桁。持此殷勤意。。藉慰彼凄清。。受恩竟招忌。虎舅（
貓別名）搏噬橫。同是血肉軀。顧之心怦怦。昔倘縱之逝。殺機何自萌。因兹感
人事。勞愛不分明。姑息無令子。愛篤而害生。。養兒視養鳥。。毋徒掌中擎。。

蔣筱山工琴棋尤善畫家綦貧喜縱酒評劇曠達士也庚午春訪予鼓嶼二月九
日偕友過江未半而逝仙乎為理喪畢因而自歎

蔣子以技鳴巖中。琴棋稱絶畫尤工。家無長物心常足。肘見踵决不知窮。時吹洞
簫時拂軫。時敲棋子落燈紅。飢來草草寫花鳥。將出換酒甑仍空。室人交謫一笑
去。去去觀劇辨商宫。一年三百六十日。惟兹數事相始終。。我眼閱人亦多矣。。落
落塵寰無是公。。巖疆喪亂痛年年。攜琴橐筆來洞天。藏有斗酒歡同醉。笑聲礫礫
出雲巔。醉後登樓一揮手。風吹仙樂聲冷然。人間廣陵散欲絶。。渡江未半蜕委船
。。生老病死一無苦。如公灑脱何其仙。我撫桐棺無恒化。。適來適去神乃全。。我臨

君穴悁悁悲。非傷逝者行自憐。君雖客死尚有子。狐死丘首我何如。。

楊穉雲王孝師招飲虎溪巖即席賦此

結想匡廬未得攀。驅車小住鎮南關。一廛願受如歸市。（穉雲長警廳公安尚好內地遷廈者頗多）三笑何人祗看山。（虎溪巖有三笑齋無故實也）攬鏡終輸巖佛古。澄懷好似海鷗閒。任他說法天花墜。我比石頭總更頑。。

題超盧歲寒圖

東山卧雲樓。命名擬師復。（管師復學者稱卧雲先生）幽居踰十稔。倏忽遊麋鹿。去而之四方。久未復邦族。香海征颿挂。林子屬題畫。展圖幾欷歔。家山景物如。小樓同結構。佳樹同扶疏。化工畫一幅。妙肖豁心目。窗前亦有松。屋後亦有竹。寒梅三四株。暗香仍滿谷。畫意襯山容。低徊把卷讀。湖海與林泉。三友同歌哭。超盧筆入神。尺絹世所珍。浼繪雲岩狀。留證石上因。（山有寺舊名石雲岩）斯圖好粉本。依樣便傳真。三徑懷三益。對畫如對人。皓首崇明德。共葆歲寒身。

詠迎年菊

庭前餘隙地。聊種數莖菊。秋盡未開花。蕭疏難入目。朔風連夕起。。怒放花簇簇。。傲霜兼傲雪。。寒香顫影獨。。破臘且迎春。。羣卉齊屈伏。。不慕旦夕榮。。乃勝天地肅。。黃花晚節香。。名臣景芳躅。。大器多晚成。。斯言吾耳熟。。對花悟立身。。吟此以自勗。。

自光歸里道中作

千里歸來客。三年憂患身。雪花殘舊臘。梅蕊釀新春。旅店聞雞早。。荒山立馬頻。。長途嗟寂寞。僕輩也相親。侯門爭奔走。傲骨自嶙峋。官罷方為貴。詩多不算貧。。風塵聊混俗。面目尚存真。踏雪狂歌去。。乾坤一散人。。

罷官日口占

無田亦歸去。飢餓莫愁予。獄市先為寄。林泉好卜居。凌霄飛倦鳥。。脫網縱驚魚。。笑看閒雲影。。卷舒得自如。。

卧雲樓雜著卷五

修志述略

戊子春。來廈修市志。本人撰述。為鄭成功傳。及各門小叙。摘錄於下。其遺聞足珍者。亦附諸篇。

思明州風雲人物錄

明社屋矣。延平起而扶之。手闢思明州。其人奇。其事奇。其將領亦奇。本志將列諸人於列傳乎。則非廈籍也。列諸忠烈乎。則或未死事。或死非廈地也。將列諸良吏乎。則力征經營。思復舊物。非循良吏所得而比也。欲棄而弗書乎。無以申大義。且湮沒史實也。人為奇男子。。局等小朝廷。。不得不創一格以處之。。曰思明州者。厲一成一旅之思也。。曰、風雲人物者。喻從龍從虎之意也。。近取同安志。。遠師史記項羽本紀。。殆編者之苦心歟。。

鄭成功者。明季民族英雄也。據金廈二島。抵抗清兵。攻南京。闢台灣。力征經營事蹟。詳見明史、聖武記、南安志、及海疆逸史、黃梨洲賜姓始末、夏元斌閩海紀要等書。本傳不再述。所述者、成功之政治學識。。與政治眼光而已。。永曆六年秋。庫成棟殺其主總督陳錦來歸。成功命斬以徇。成棟呼曰、寬我一死。八閩可不勞而定也。衆咸為之請。成功曰、得八閩者、一時之私利也。。誅叛逆者、萬世之公義也。。吾終不忍以一時之私利。。廢萬世之公義。。命斬之。眼光何等遠大。石勒之斬童建。。劉曜之斬索琳。。同此意也。。永曆十六年。台灣定矣。闢草萊。興屯聚。嚴法令。犯者雖親不貸。或諷以用法稍寬。成功曰、子產治鄭。。孔明治蜀。。皆以嚴從事。。況立國之初不加一番整頓。。則流弊不可勝言矣。。（數語均見閩海紀要）此種政治學識。與潛夫論述赦旨甚合。蓋治世以大德。。不以小惠。。（孔明語）其服膺武侯久矣。。由是言之。成功固一軍事家。。亦一政治家也。。其居台未能遠出師者。將以有待也。。而張司馬煌言作詩誚曰、中原方逐鹿。何暇問虹梁。又曰、只恐幼安肥遯老。藜牀皂帽亦徒然。殆非知心之論。。夫成功之建設台灣。為進取計。非為割據計也。觀其聞沿海遷界事。憮然曰、塗炭生民。豈得計哉。清之技亦窮矣。吾養兵蓄鋭。天下事正未可知。一成一旅之思。。溢於言表。。安得謂之肥遯乎。。謂之徒然乎。。倘天假以年。。龍蛇起陸。。清室君臣其不遑寧處矣。。而乃年未四十。鯤海騎鯨。此明曆數之盡也。。于成功乎何尤。。惟永曆十二年、大舉圖江南。江浙震動。成功頗自滿。瓜州既破。甘輝進坐鎮之言。將出兵。又建陸行之議。逼南京。又獻急攻之策。均不納。及兵敗回廈。始建祠祀甘輝。哭曰、吾早從將軍之言。不至此。亦已晚矣。。英雄粗疎。。固無庸為諱。。而家國興亡。。亦非盡關人事。。元有王保保。。而無救於亡。。明有鄭成功。。而莫延其祚。。豈非天哉。。豈非天哉。。

按成功為一代有數人物。非一隅所得而私。不詳其事蹟。以已散見各書也。不詳爵里、表字。示以他傳異也。本篇用特別寫法。是傳、是論。在所不計。史記伯夷列傳。。其先例也。。(作者識)

疆域序

古者建國•首重疆界。疆界不正。職守不明。藝貢不均。所關非細也。廈島如桃形。廈志云、廣袤五十里。顯有舛錯。詳四至。則曰水程若干里。尤為失實。近今有作。亦多為約略之詞。故本市疆域非從新測繪。未為正碻。若論形勢。大小擔、浯嶼、門户也。。鼓浪嶼、白石頭、胡裏、高崎、五通、玉沙坡。咽喉也。。石碼、嵩嶼、澳頭。通漳泉要道也。。區區孤島。拓而言之。實屛蔽澎台。控制浙粤。高雨農氏謂關天下之故。。比諸杞緣陵。。鄭虎牢。。洵知言哉。。

大事序

事往矣。。曷為乎志。。曰、鑒往知來也。。語曰、「前事不忘。後事之師」。爰本斯意。輯為是編•春秋書法。。常事不書。。非常則書。。非常之事。。大事也。。故廈志曰舊事•今志曰大事。

名勝序

元和郡縣志始載古蹟。後世志書因之。遂侈談名勝矣。顧名勝何限。各志祖宋迪之八景。未敢損益。殊屬費解。廈市東南名區也。山勢雄奇。巖壑尤美。叢林勝概。不可殫紀。蹟之古者。訪希儒之石室。陟令之之薛嶺。徬徨四顧。惄如有懷。卽經水師臺、高讀岩。猶想見長鯨出沒情狀。遺蹟至足珍也。山川鬚眉人朗之。王李重之言不其信乎。

户口序

古視户政綦重矣。按周禮總比較屬小司徒。歲時獻王屬小司寇。掌稽考分屬閭師與鄉遂之吏。古之稽考。卽後世編審也。清初併丁於糧。而編審停。户口益無可稽。本市警察成立較早。户數當不舛錯。人口因交通便利。時有變動。勢使然也。顧今重户口在賦役。古重户口期繁殖。墨子辭過曰、欲民之衆而惡其寡。適與瑪爾梭士相反。。瑪爾患人多。。墨子患人少。。我國近亦有人滿之說。而貨棄地曠。倘善為開發。安在人多足患耶。

學校序

我國學校何自昉乎。夏曰校。三代曰學。由來久矣。自宋以後。學校廢而書院興。清末書院廢而學校興。書院課制藝。學校研科學。已趨實用矣。但書院、學校、僅名稱之異耳。其要在教育之精神。與夫改革之方針。師儒弼於上。生徒化於下。教育乃有效率之可言。而矯枉者恆過其正。。昔之教也主靜。。今之教也主動。。過靜則茶。。過動則囂。。均失也。。甚望並世教育家起而善其後。。

人文志

厦志曰選舉。今志曰人文。非好立異也。選舉之名。昉古之鄉舉里選。漢興。舉孝廉賢良方正。猶有成周遺意。隋、唐、明、清、納選舉于科目之中。可云科舉。。未可云選舉。。即明之荐辟。清之舉特科、及孝廉方正。均由大吏主持。。與平民無與。。近代學校卒業生。尤與選政無關。。惟選各級代議士。頗與古合。茲編所列。有科目、學生、議員三種。仍沿舊名。未免失實。人文者、人類之文化也。。易曰、觀乎人文。。以化成天下。。意其庶幾乎。。

社團序

帝制時代。集會結社有禁。無所謂社團也。清季預備立憲。地方自治呼聲。甚囂塵上。仍不脫官治範圍。民國肇建。黨政團體。茁如春筍。倏起倏滅。終受強有力者支配。亦越于今。農工商學有會矣。民意機關。省市縣有參議會之組織。顧名思義。。參末議耳。。於立法及民主精神。。相差尚遠。。但有政與聞。。慰情聊勝。。與其事者。其有鷄鳴風雨之思乎。。

警察序

警察之制。濫觴周禮。市設司市。復有司稽。司虣之設。司稽五肆一人。掌執盜賊。司虣十肆一人。掌禁暴亂。與近代警制極類。本市主管警政機關。昔曰廳。今曰局。範圍雖有大小。而為市民服務則一。必也慎遴選。嚴教練。厚餉糈。勤考覈。方足靖閭閻。維風俗。無事輔首長施政。有事隨駐軍定亂。所關綦重。如故事奉行。。招遊民以充數。。靖之適以擾之。。維之適以敗之。。司稽云乎哉。。司虣云乎哉。。

實業序

外人注意實業。曰農、曰商、曰工、曰礦。厦商埠也。惟商業最盛。嚴格言之。商、末業也。而非本業。非本業。則虛而不實矣。但自十九世紀以來。各國互相雄長。商戰為亟。即證以我國舊說。太史公曰、農不出則乏其食。工不出則乏其事。商不出則三寶絕。商固與農工並重。農以生之。工以成之。商以遷之。三者斯民衣食之原也。既同為衣食之原。烏可不志。況有土此有財。倘以經商餘貲。

農工。安知無舍末逐本之日耶。竊欲為市民進一解。

外交序

鴉片戰爭結束。江寧條約成。廈口遂開放矣。通商而後。外人麕至。交涉頻繁。光緒二十八年、鼓嶼輕于一畫。變為萬國公地。此外日人設警也。海後灘遊行也。虎頭山劃界也。為當時軒然大波。市民猶能道之。夫弱國無外交。久成慣例。乃廈民弱也。而赴義則强。清政雖不綱。而島國人民陣線。摧撼不少動。劃界、海後二案。公理卒戰勝强權。甚矣、民氣之不可侮也。今者抗戰勝利。鼓嶼已收歸市有。保持國威。政府人民與有責焉。可不慎歟。

司法序

司法制度。昉自勝清。推行至今。各縣仍具雛形耳。本市有地方法院、有高等分院。組織較密。顧司法精神。不在機構之疏密。而在審判能獨立、與夫法官守風紀。二端不立。徒有軀壳無益也。周禮法字從水、從廌。。從水謂、法平如水也。。從廌、謂觸不直者去之也。。今當局果持平如水乎。。所觸果不直乎。。不直果皆去乎。。不能無望于廉明之有司。。

禮俗序

禮經曰、禮從宜。使從俗。志名所由昉也。但禮與俗相因。。非截然兩事。。叔孫通曰、禮者、因時世人情而為之節文。。程子曰、禮之本出於民之情。。禮之器出於民之俗。。情變而俗變。。俗變而禮變。。俗非一成不易。。卽禮非亘古不變。。茲編列吉凶禮制。歲時景物。著論附後。可因者因之。。可革者革之。。是在知禮通俗之君子。。

惠政序

昔府廳州縣所謂惠政。多以本地之財。供本地之用。官督導已耳。卽蠲免振卹。亦不過暫緩輸將。及移款協助耳。以本市論。義倉、卹無告堂、育嬰堂、何一非民款。是惠政云者。非盡出國帑。大半地方善舉也。惟惠善、均不可無政。。惠無政則虛。。善無政則蝕。。故惠不知為政。。徒善不足為政。。孟氏譏焉。。今起視各市縣惠興善無聞。果世運之殊耶。人事實尸其咎耳。

藝文序

廈志藝文、僅載零篇。如讀合刋詩文集。各志同病。非僅廈志然也。鄭志藝文略。分四部、十二類。今略師其意。部類攸分。惟四部分類法。昔人有遺議。今新書汗牛充棟。尤非四部所能盡。但舍是別無統攝之方。先民有作。謹依鄭氏成例。參以近今部居之法。分著于編。廈志藝文志各詩文。概列本事本傳之後。非徒遵鄭志。班書隋書之例則亦有然耳。

列傳序

史記特闢列傳一門。歸納衆流。後史因之。而標目滋多。但有因風會所趨。不得不分者。如後漢書、宋史、於儒林外別立文苑理學是也。有因偏全互異。不能不分者。如後漢書之獨行。新唐書之卓行、孝友。宋史之忠義是也。此皆因時因事。不失制宜之義。乃各地志書。紛紛立目。儒林外有儒行。忠義外有義勇。官績外有政績。節外生枝。無謂甚矣。廈志列傳之下。計分十目。沿史書先例。今志主分立。遵通用凡例也。

儒林序

史漢之傳儒林。詳各經派別。及各師傳授之跡而已。非詳一人生平也。後史多以人為經。以經為緯。失史漢之舊。若地方志書。有稍明經義、及略通經說者。便可入選。廈志列傳十目。獨缺儒林。豈島國無窮經之儒乎。抑采摭有遺也。舉世目羣經為腐朽矣。今仍列此門者。冀收剝後之果也。

文苑序

方志於儒林藝文外。又列文苑何也。儒林、處闡明經義者，藝文、處專家著述者。文苑處工文辭者。史漢二書。有儒林。無文苑。後漢書始創斯例。無他、社會由質而文。風會所趨。勢須劃分也。夫文以載道。古有恆言。而道不可道。曷由載之。徒費辭耳。陽明子曰、其花繁者。其實鮮。文其無用乎哉。是又不然。經國迪世之文。固可示後行遠。即流連風景之作。亦足適趣陶情。其文不朽。其人自傳。文果無用乎哉。

高士序

史書紀特立不羣之士。後漢書曰獨行。新唐書曰卓行。新五代史曰一行。獨行、卓行、一行云者。高而已矣。廈市、商埠也。競以豪富相尚。凡生長是邦者。目染耳濡。頗難自拔。然十步之內。必有芳草。士之高尚其事。不與俗浮沉者。豈曰無人。天半朱霞耶。雲中白鶴耶。後人時興仰止之思。於移風易俗。不無少補耳。

孝友序

我國以孝友垂訓也久矣。清季維新之士。有忠義之衰。由于孝弟語。雖未嘗無片面理由。而持論弔詭。究不可為訓。夫孝友、庸行也。行而曰庸。應人人共喻。人人能盡矣。而史冊紀載。孝友有傳。慈愛無傳。非以孝友難。慈愛易。孝友獨。慈愛同耶。天性涼薄。自昔然矣。今者學說紛呶。視清季尤甚。於此有人焉。宗族稱孝。鄉黨稱弟。不尤難中之難。獨中之獨耶。庸行也變為奇矣。不可以無述。

忠烈序

廈志有忠烈之目。今仍之。忠者謂忠於所事也。烈者謂死於其事也。然忠也。烈也。實具相因相成之用。鄭延平忠矣。而以二島抗清師。死而後已。非烈乎。陳忠愍烈矣。其提督松江也。艱險不避。非忠乎。惟忠事乃能死事。能死事即忠所事。。死生亦大。。泰山鴻毛之分。。分於死之異耳。。至婦人以義殉夫。亦列斯傳。巾幗鬚眉。。理無歧視。。法律平等之義也。。

節義序

確乎不可拔曰節。合乎事之宜曰義。義理之性。人所同具。即秉彝之好。人有同情。疾風勁草。男之節也。。之死靡他。女之節也。。以義正我。男之義也。。以禮自閑。女之義也。。凡有一節可風。一義足取者。不分性別。概著斯編。若婦人守志而無事可紀者。題名附後。易恆曰、婦人貞吉。從一而終。于今為難能。故尤覺其可貴。豈故與時戾耶。

良吏序

循吏之多。當推兩漢。固由世運近古。人爭濯磨。最大原因。厥惟久任。民國肇建。官吏任期無定。視官如傳舍。地方庶政。漠不關心。不肖者且以搏擊為事。

下車之日。預為去官之計。民生益苦矣。盱衡當世。循吏幾已絕迹。良吏寥若晨星。得一能吏。頌聲四起。豈真古今人不相及耶。政制不善。人欲橫流。階之厲耳。入斯傳者難矣哉。

貨殖序

太史公傳貨殖也。曰、士長貧賤。好語仁義。亦足羞也。談者病之。夫子貢、孔門大賢也。而以屢中稱、許魯齋、元大儒也。而以治生為急。殖貨似不為世詬病矣。況周禮有保富之文。保之之意。非以一家財富。即一方元氣耶。本市市民多遠服賈。輸異域貨財。培祖國命脈。地方營建。時藉以集事。國計民生。胥利賴焉。史記本傳所謂樂與之比、命曰素封者。良有以哉

藝術序

我國以形上為道。形下為藝。鄙視藝事久矣。自苑書傳方技。國人始稍認識。歐

化東漸。藝術界嶄然露頭角。此新藝術也。以舊藝術言。其精者、醫可生死人肉白骨。尚矣。書可參陰陽。畫可奪造化。彫刻可通神明。音樂可陶性情。而國術技擊、於民族强健武毅尤有關。皆不可以不傳。若夫讖緯禨祥之談。星命堪輿之術。悉擯不錄。遠天道。邇人事也。

流寓序

廈市商賈輻湊。中外雲集。以言流寓。皆流寓也。但求其朗山川之鬚眉。貴山川之姓字。舍忠臣義士、與夫騷人墨客。其將誰歸。鼓嶼瓊樓矗矣。名園闢矣。遊人小憩。索然意盡。而登水師操台。過通菴荒塚。輒因地思人。徬徨不忍去。無他、一以富。一以異也。流寓之傳與不傳。其故不可深長思耶。

方外序

自莊子大宗師載遊方外之語。世遂以儒為方內。僧道為方外。蒙謂、儒主仁義。

佛主慈悲。老主自然。略儀式而論真理。何内非外。何外非内。李畏吾氏極主是說。闡明三聖合一之旨。通人韙之。廈志傳方外。寥寥數人耳。今續有增補。毋論彼教教旨如何。以叢林論。如南普陀寺、虎溪、太平、雲頂、萬石諸岩。風景絕佳。地鍾靈秀。人當有可紀者。烏可以方外外之耶。

附廈市見聞錄

白鶴嶺去市東里許。俗傳有鶴常棲其上。故名。明詩人過此。得野雲度嶺疑歸鶴。澗水流霞想落花句。市人傳誦之。

萬壽岩、在陽台山東。松林鬱茂。舊志所謂萬壽松聲是也。寺有古鐘。宋開寶六年鑄。呂西村聯云。參天喬木二千尺。出土神鐘八百年。語極大方。

楊秉機明諸生。國變後。削髮為僧。號鷺島遯人。工詩。舟泛浙江云。雲收千嶂立。水漲萬山高。即事云。馬蹄遲積雪。木末接遥天。又有笑人為氣候。認我是江山句。寄意尤遠。

葉普亮、明進士。嘗與商輅、劉某、策馬觀榜。商一覽無遺。普亮遺三名。劉遺七名。號天下三才子。亮遊洪濟山留雲洞句云。兩階苔雨三春濕。。半嶺松風六月寒。。亦自有致。

薛令之、唐進士。為太子侍讀。時李林甫不愜於太子。官僚冷落。令之欲諷明皇。題壁云。朝旭上團團。照見先生盤。盤中何所有。苜蓿長闌干。明皇不悅。題曰、啄木喙距長。鳳凰羽毛短。若嫌松桂寒。。任逐桑榆暖。。令之遂謝病歸。

陳黯、舉進士不第。避黄巢亂。隱居薛嶺。號曰場老。今稱所居為場老山。黯十三歲。袖詩一通謁清源牧。時面豆新愈。牧戲曰、藻才而花貌。胡不咏。應聲曰、玳瑁應難比。斑犀定不加。天嫌未端整。滿面為裝花。。由是名振鄉里。

呂世宜、工書能文。交遊附聲。不勝其夥。因作我我周旋圖見意。高雨農贊曰、夷望望去。。惠由由偕。。不夷不惠。。莫往莫來。。余問髯何以能離世而獨立。。髯曰、我之道在材與不材。。

林應翔、明萬曆進士。好道術。兼通釋氏。嘗作念不先生傳。謂為文不古、不今。功名不沉、不浮。仕宦不穢、不清。治產不縮、不盈。軀體不高、不低。才情不巧、不痴。於物不攖、不撖。於人不冷、不熱。里評不善、不惡。人品不雅、不俗。語頗有趣。

廈市多異鳥。不知其名。俗但以鳴聲所似而名。施鴻保著閩雜記。載有禽言四首。言近旨遠。足資醒世。因錄之。

車歇歇。形如鵓鴣。毛羽純白。頭尾則黑色。早晚鳴曰車歇歇。余賦云。車歇歇。車歇歇。車不歇歇車力竭。千里萬里程。歇歇重行行。不怕程不到。只怕摧輪與顛軨。車歇歇。計亦得。

早作、形如鵲。白翎。紅喙。黑尾、甚長。鳴曰、早作。余賦云。早作早作。日頭東出月西落。光陰疾如蛇赴壑。今日不早作。明日不安樂。今年不早作。明年不安樂。日日年年容易過。少壯幾人變老惡。早作早作。莫到後來悔不作。

肯吃虧、亦鳥名。余未之見。惟聞其聲云然。賦曰、肯吃虧。肯吃虧。吃虧實在占便宜。不傷財。不費氣。終身安樂人不汝是非。吃虧何嘗真吃虧。

老快活、似鳩而大。褐色光潤。當頂有白茸毛。長寸餘。毿毿下垂。鳴曰、老快活。余賦云。老快活。。老快活。。少年快活如春風。老來快活如秋月。春風容易過。秋月清光多。。滿頭白髮笑呵呵。黄鷄白日奈我何。

閩南種豆時。有鳥呼弟弟你在麼。俗傳昔有繼母。以生熟豆種分給己子及前子播種。誡非豆萌芽不得歸。弟知母欲逐兄。陰換豆種去。旬日、兄歸弟不歸。兄感弟義、出覓弟。遂化為鳥云。繡伊有詩云。哥哥行不得。。弟弟你在麼。。彼鳥猶知愛兄弟。人世燃萁奈你何。讀之增手足之情。因續鴻保禽言之後。

池明洲遊定林寺句云。踈鐘散宿愁。的是名句。

虎溪岩有雲中亭。黄鼎軒題云。危亭望海千尋碧。。曲磴盤雲萬象低。冷然亭云。亭向海山奇處起。人從蓬島勝中遊。。為厦市不可多得聯語。

清代軼聞曾載鄭成功遺詩。于錄市志雜錄中。詩云。破屋荒畦趁水灣。行人漸少鳥聲閒。。偶迷沙路曾來處。始踏苔岩常望山。樵户秋深知露冷。僧扉晝靜任雲關。。霜林猶愛新紅好。更入風泉亂壑間。

吳丹農著有小梅詩存。秋闈報罷句云。名心淡入詩中畫。秋骨瘦於病後禪。極見鑪錘。

楊搏文思明懷古詩云。一島堪資匡復功。將軍忠孝柱南東。憑依滄海為天下。指顧江寧在掌中。縱小朝廷無幾日。至今鄉邑有遺風。深山大澤龍蛇窟。讓與長鯨出沒雄。採入雜錄中。

楊雪滄島居三錄。紀異姓亂宗事。引紀文達之言曰。有能視鬼者。曰、人家繼子。凡異姓者、雖女之子。妻之姪。祭時皆所生來享。所後者弗來也。凡同族者、雖五服以外。祭時皆所後來享。所生者雖亦來。而配食於側。弗敢先也或。問其義。公曰、此義易明。銅山西崩。洛鐘東應。不以遠而阻也。琥珀拾芥不引鍼。磁石引鍼不拾芥。不以近而合也。一本者氣相屬。二本者不屬耳。一身歧為四肢。四肢各歧為五指。是別為二十歧矣。然二十歧之痛癢吾皆能覺。一身故也。言之亦覺有故。

張亨甫曾寓廈。有觀海詩云。一氣遙連四大洲。誰能鐵索截中流。只如唐宋愁戎馬。。（原註、前代邊患、多在西北、至明中葉、東南夷始烈、天地自然氣數也、）不數燕齊鬥火牛。。（原註、逆夷火器甚利、廈門遂無可扼之隘、）勇憶乘桴難泛宅。醉思請劍尚登樓。天風海日蒼茫裏。。試問扶桑幾度秋。。兩島能支半壁天。草鷄長耳憶當年。伍胥潮汐仍終古。。楊僕樓船自黯然。。雲出鯤身橫海外。。水浮鼇極動樽前。。登臨儘有興亡感。鯨飲須同吸百川。

呂西村、工漢隷。與伊墨卿齊名。時莆田郭蘭石主講玉屏。頗加奬許。用杜句伯仲之間見伊呂。雕小印贈之。亦藝林佳話也。

胡律師軍弋、新安訪歐大歸舟口占云。睡起披衣趁早潮。片帆風勁雨瀟瀟。。出山輸與入山好。鷄犬桑麻話一宵。結有神韻。廈門淪陷。避居鼓。狀甚窘。有勸其任僞職者。搖首不應。吟柴桑無路歸元亮句以謝之。志趣之高。足窺梗概。

蘇眇公寓廈久。有感事詩云。前浪推開後浪來。。沉舟滅頂早安排。。愴懷身世兼家國。風雨慇勤進一杯。慇勤二字。予易以瀟瀟。較合。並錄前二句流寓傳中。

楊仲瑾、晉江人。十三歲默十三經入泮。歷任各大學教授。臨終囑其子曰、我以貧死。。須以貧葬。。你等亦須以貧自立。。曾撰墓聯云。但對人天無愧怍。不知生死有榮哀。胸懷淡泊。概可想見。

蘇菱槎、廷玉曾孫也。能詩。施雲舫卒鼓嶼。菱槎挽云。文心六代稱都麗。。詩律三唐有正宗。。直把心肝都嘔盡。。萬篇太富一身窮。

李伯端、閩侯縣人。任廈市志分纂。惜未脫稿。遽歸道山。有遺句云。域内有官皆馬腹。客中到處累豬肝。馬腹、獸名。見山海經。

歐陽彩雲、繡伊女弟子。華如桃李。冷若冰霜，廈門陷敵。陳政委弍銳囑入偽府充書記。藉刺敵情。及事將洩。同事促逃。嘆曰、逃將安之。生命吾固不惜也。越日、果被逮、旋鎗殺。初陳政委囑任事時。詢以待遇。憮然曰、國難方殷。。忍計待遇乎。。明大義如此。愧死男兒。所居地曰、虎乳漏。近虎頭山就義處。繡伊挽詩云。虎頭山上草萋萋。。泉乳涓涓鬼夜啼。。落日大江潮沒處。。秋旻猶自亙雌霓。。李伯端句云。十年事我逾師保。一死驚人愧命官。。備致推崇悼惜之意。

學友李繡伊、性情中人也。家貧。舅氏洪崇麟資以膏火。因得成名。舅孝。曾仿蔣茗生作鳴機夜課圖。繡伊題云。書聲起。。機聲逐。。書聲揚。。機聲促。。慈母手弄機絲心在讀。。不織兒無食。。不讀母無織。。夏日懍炎威。篝鐙黯秋色。辛勤閱十年。兒幼那知得。幸哉兒能讀。。慈母免斷機。。幸哉兒能孝。。慈母得心怡。。胡為乎義馭遽西馳。。頓使孝子抱圖悲。。吁嗟乎、母血枯。。兒心苦。。兒心雖苦尚偷生。。母血一枯竟終古。。

張蒼水、國變後。扈魯監國入閩。與羅子木徘徊兩島間。日從紀許國遊。紀贈詩云。十年栖海風濤遍。一念酬君鐵石知。。淵明常愛籬邊菊。。杜甫空悲亂後官。。蒼水讀之淚下。

阮文錫、字曉生。明季人。其事迹見本傳。茲錄其五律四首。藉見一斑。並繫予傳後贊語。永志景行仰。

故里邱墟久。曾過一紀年。豈期浮海客。。重泛渡江船。。舊友晨星落。。歸人夜月圓。。相看如隔世。。恍惚記生前。。

城隅荒草路。喪亂幾人歸。巷陌新豐似。河山故國非。。村墟春樹少。。野渡暮船稀。。已作辭巢燕。。應難傍主飛。。

新築江干舍。吾宗舊子孫。別來予已老。亂後爾猶存。白鶴先人壟。金鷄舅氏村。。百年思故土。。漂泊竟何言。。

遥天鴻影斷。獨立數歸鴉。日暮空城角。春深廢圃花。生還猶過客。。老至已無家。。極目煙波外。難尋海上槎。

予贊曰、天生疇生。全人也。性純篤。可歸孝友。贍文詞。可歸文苑。傳性理。可歸儒林。逃空門。可歸方外。大冶鑄金。金踴躍曰。吾必為干將。必為莫邪。此不祥金也。疇生合爐而冶。不亟亟于干將莫邪之為。其祥金耶。非才全德備之君子。孰能與于斯。

陳宗超、治性理之學。嘗書心中斯須不和不樂。。則鄙詐之心入之。。外貌斯須不莊不敬。。則慢易之心入之。。以自警。又曰讀書至今。始知無日不在天理之外。人欲之中。如溺于水。欲求登岸而不可得也。語甚切實。

近時謝堃、題倪竹泉觀察鷺江留别圖詩註云。舊傳廈門即烏衣國。不知何所本。

按六朝事迹、引劉斧摭遺。王榭、金陵人。世以航海為業。一日海中失船。泛一木登岸。見一翁一嫗皆衣皂。引至所居。即烏衣國也。以女妻之。既久思歸。乘雲軒泛海至家。見燕來。繫以詩云。夢到華胥國裏來。玉人終日苦憐才。雲軒飄去無消息。洒淚臨風幾百回。來春燕復飛來。有詩云。昔日相逢皆冥數。如今睽遠是生離。來春縱有相思字。十月天南無燕飛。來歲燕遂不至。因目榭所居為烏衣巷。劉斧書本附會。今復以烏衣國實廈門。不尤謬耶。（見廈志叢談）

按摭遺所云王榭。即王謝也。又曰、金陵人。明指江寗城内之烏衣巷也。劉斧故弄玄虛。不辯自明。因二詩尚佳。仍存之。

廈門舊有小杭州之目。洪和長詩、錦繡烟花自一州。無邊風景似杭州。言風物之華麗也。紀石青則直題以古桃源。如云。元鬢青衫猶漢代。桃花流水豈秦人。及花源今可得。此亦一桃源。屢形吟咏。石青明季隱遯海村。有慕乎管遼東、陶靖節。故莊伏之嘗語之曰。茲山不辱。石青亦嘗言。以禾嶼為峨眉、洪厓。景不同而意則同。蓋非特賞其山川景物耳。

蘇笑三、號夢鹿山樵。襲騎都尉。解組後。以畫自給。歿後。人挽云。老去山樵真似鶴。。笑人都尉爛於羊。。對句甚佳。

吳綸堂讓封襲。以縣丞分發浙江。不赴補。顏其齋曰地瓜廬。善畫。喜吟咏。咏墨蘭云。秋風兩度損蘭芽。萬斛牢愁祇自嗟。舊事那堪重回首。淚痕和墨上詩叉。。結句佳。

榕林別墅、在鳳凰山下。黃日紀築。題咏甚多。王可莊詩云。憂樂斯民百感幷。。尊前絲竹且陶情。。願傾四海合歡酒。祇學文山前半生。。廈友謂其以狀頭炫人。苛論也。

吳丹農有告亡句云。多買梅花種墓田。。人爭頌之。其小梅詩存。有夫差詩云。高台百尺俯姑蘇。到底西施嫁五湖。廿載焦思能返國。。三年報越竟亡吳。。生前有量容勾踐。。死後無顏見闔閭。。千古英雄難並立。。鴻門一宴復何如。。通首才氣兀奡。得未曾有。賣詩店題壁云。仙翁閒姓柳。賣詩結良友。我欲從之遊。。天上無美酒。。信口吟成。無煙火氣。

滄趣老人詩。與海藏樓詩。異曲同工。丁未年。滄趣有七月十三夜廈寓樓之作。憂時感事。意溢言外。詩云。忍攜佳月就囂塵。腸斷滄波一片銀。舟小畏風差得泊。樓高近市漫成隣。頑山是處愁吟望。殘夜無人省病呻。却為彗星搔短髮。萬方涕淚詔書新。

俞曲園台仙館筆記云。吾兄福寗太守、官廈門同知時。署附近有僧寺、曰碧山巖。寺僧曰、碧禪。能詩畫。貌亦恂恂。吐屬風雅。署中潘少梅、蔡瑜卿諸君皆喜與之游。一日忽具牒請還俗。吾兄素不喜僧。罵之曰、今日既欲還俗。當初何必出家耶。呵叱而遣之。碧禪故與署中吏魁其甲有隙。疑其譖於官也。是晚甲自署歸其家。經山一隘巷門。碧禪呼其名。回顧之。則已剚刃於胸。出於背 某甲猶能帶刃狂奔至家。告家人曰、碧禪殺我。言已、倒地而絕。事聞於官。吾兄命捕碧禪。不得。數月後。有人於碧山上見碧禪。則已有髮辮矣。呼曰、碧禪在此。碧禪飛一足。蹴其人仆地。而自從山後躍而下。捷如飛鳥。望之。見其帽墜於地。辮乃綴於帽。非真髮也。嗣後署中一幕友王姓者。房中每夜窗户不開。而頻有所失。其所失物。則皆得之署後山穴中。疑碧禪所為也。閱時既久。捕事益懈。而王姓者失物亦愈稀。已而吾兄調福防同知以去。繼之者為龔司馬。知此事。命捕之。有金姓者。偵知其在妓樓。糾衆以往。碧禪見衆至。自窗躍至平地。復從平地躍至屋上。頃刻絕路。而龔司馬於內室中得一書云。吾與汝無讎。汝捕吾何也。然汝亦欲升官耳。吾不汝怨。汝他日還省。當訪我於鼓山。大駭。不知所自來。疑其人蓋古劍客之流也。乃不復言捕碧禪。及任滿還省垣、竟不敢至鼓山。而碧禪始終不可得。

卧雲樓雜組卷六

東山景物略

題辭

陳震 丙子六月

何地無名山。未若故鄉好。雲石多勝概。地不愛其寶。奇哉萬變圖。化工出畫稿。昔年山中人。讀書膝長抱。持贈既不堪。難為外人道。

樹木更樹人。冷卧藏已久。金銀氣不識。暫出只空手。束帶見督郵。無寧謝五斗。底用買山貲。結構君自有。孰知桑梓邦。化為萑苻藪。

故山伊可懷。將老望轉切。寓公身世感。蹉跎焉得說。風景雖不殊。舉目容有別。我身賦遂初。賃廡人笑拙。世事浮雲耳。蒼狗任變滅。

弁語

逸雲 丙子

予經營東寶山。蓋十稔矣。建樓一。閣一。亭二。山門一。長廊一。寺院舊者新之。前後約靡四千餘金。款由捐募。予耗費亦不貲焉。民國十五年。親故僑居南洋者。捐英幣二百餘元。擬樓側建山門。為遊人休憩所。寺左築小樓。為鄉人避兵、避疫之用。方鳩工庀材。適巖變中止。予亦遂為東西南北之人矣。回憶山中曾植桃李四百株。嘗笑謂友曰、昔諸葛武侯稱。成都有桑八百株。予有其半矣。又笑謂生徒曰、予山中有弟子四百人。年供二脩羊。不再執教鞭矣 自鳴豫悦情形。猶依依如昨。曾幾何時。桃李方熟。枳棘刺人。變亂相尋。不遑寧處。挈眷避海濱。與山靈闊別者亦忽忽十稔矣。此十年中。欲歸不得。問石無言。望雲何處。但不知春風桃李。尚憶手植主人否。無端悵觸。未免有情。因輯斯略。供卧遊也。誰生厲階。至今為梗。誌永歎也。而茲山虛無縹渺。終於不可即。且不可望矣。噫。

（一）風景

東寶山。在治東七八里。山高而峭。以雲石名。中有古寺。額曰石雲巖。春夏之交。雲氣往來。故有東寶春雲之稱。（縣八景之一）山石尤奇。鄭虛舟聯云。客因鐘引遙尋路。。僧為雲留懶出山。。邑人誦之。

笑笑石。並峙寺後。形橢圓。高可十餘丈。石紋橫互。恰肖神笑。故名。予嘗語人曰。茲石辱於茲山。故弗傳。若移置通都大邑。題詠之詩。尺許厚矣。

靈源泉（俗名龍井）、在梅巖右。洞深數尺。泉洌不涸。明令吳守忠禱雨有應。樹坊曰、天瓢靈源。今圮。

臥雲樓。在寺右。民國四年募建。樓為室四。廳二。額為鄭海藏題贈。樓宜遠望。龍川環其前。九侯、紫金、諸山。歷歷可數。古樹六本、拱列樓側。五六月間無暑氣。洵消夏勝地也。魏嶽秋聯云。千載此樓。居非我終。。臥卻我始。。一時有感。山因誰靜。。雲為誰忙。。連仰山聯云。雙石飛來天擲笑。。層雲盪過地行舟。。

又云、偕隱名山。曾約十年舊雨。。靜參禪理。時聞幾杵疎鐘。。吳劍秋聯云。出岫本無心。。俸羞五斗。。譚禪曾有約。。果證三生。。予聯云。於此間小作勾留。。對酒狂歌。。佔得名山一席。。幸故人大都健在。。當窗話夜。。送來燈火萬家。。又云、載酒聽黃鸝。一年好景君須記。倚欄看蒼狗。萬方多難此登臨。窗二。額曰雲石般還。又曰常樂我淨。將彩輝聯云。雲在岫無爭出意。。石當流有不平鳴。。門額曰、擅一壑之美。聯云、鐘聲雲外濕。。松影月中疎。。

附記一　石遺

逸雲築樓于其鄉東寶山之上。顏以臥雲。自為文記之。其言雲與雲之契合。之行藏。亦既備矣。復寓書陳石遺使為之記。石遺表乎石者也。。逸雲表乎雲者也。。請與逸雲說雲、與石、及水、可乎。天地間不變者莫如石。。最變者莫如雲與水。。雲生于石。石又生水。水又生雲　雲又化水。水又吸于石　。其交相生也。；其交相變也。。雲又似能自變矣。。天地間之形。。雲類能形其形也。。天地間之色。。雲類能色其色也。。然其形也變於風。。其色也變于日。。似聽命于風與日矣。。然風無形。。變雲之形。。實雲變風之形也。。日有色。。變雲之色。。雲且變日之色。。而為陰、為雨、為霞、為雪也。。噫、天下之不如雲、不如水、不如石者。恆河沙數矣。。幸而為石、為水、為雲。。則各有其本能。。而無以相勝。。更進而為風為日。。亦終未有以相勝。。亦尚各安其為石為水為雲而無以相勝為哉。。

附記二

孝泉

予友逸雲於其鄉之東寶山。築樓居之。顏曰卧雲。既成。自為記以述命名之意。其所以狀雲者。亦已奇矣。復徵文於陳石遺先生。先生則進論雲與石與水之變。予受而讀之。喟然曰、是固合卧雲樓、石遺室、聽水齋、而為一觀者也。。夫雲也。。石也。。水也。。雖為變不同。。要其無心應物。。怡然有以各全夫天者則一。。蘇子之於雲。。石遺先生之於石。。滄趣先生之於水。。三子者皆吾鄉人。遭時不同。出處亦未必同道。而胸懷高曠。。有雲之閒適。。無雲之浮動。。有石之堅貞。。無石之頑鈍。有水之明潔。無水之奔放。迹其生平行事。似皆可以自信而亦見諒於人。然則卧以樓。遺於室。聽于齋。其趣固無不同也。獨怪夫世變方亟。二陳先生者、年皆古稀。一則栖栖然以學風衰敝為已憂。涉南溟。犯風濤。居嘉禾孤島中。老而講學彌篤。雖有匹園石室。而席不暇煖也。一則身丁國家之變。幽憂顛頓。舉人世間之榮辱得喪。不足以攖其心。日惟拳拳于君父之蒙難艱貞。徬徨而莫能釋。雖有石鼓龍塘之勝。弗得而安也。若蘇子者、年甫逾强仕。出其所學。議一事。則遐邇慕其風聲。宰一邑。則父老頌其德政。正宜雲行雨施。品物咸亨。而乃徜徉于一邱一壑之間。卷而藏之。若惟恐其不密。如閒雲野鶴之無所事事焉者。蘇子縱以高卧自適其性。奈天下之寢不安席何。昔左太冲賦招隱。王康琚反之。于不揣庸陋。竊本斯意。書此以質蘇子。並願蘇子善讀石遺先生之文。以不變之心。馭至變之境。推其所以不忍人者為出岫之謀。勿徒沾沾於卧雲觀變為也。

附記三　　　　百城

宇內穹窿蓊蔚淵聳流峙之勝概。扶輿磅礴鬱積之氣。實於此鍾其秀而洩其奇。故自來名流韻士往往挹取幽勝。陶淑性情。而點綴潤飾。名山亦因以生色焉。智水仁山。。淺之為耳目娛樂之觀。。深之實身心性命之事。。夫豈無故而耗精敝財也哉。友人蘇子逸雲、宦遊既著聲績。歸而築樓東寶山之阿。樓成。名以臥雲。既浼鄭蘇戡先生書額。而余今年適與同事邑乘。乃囑余為之記。世嘗謂山林泉石。隱逸者事也。庸流齷齪。一行作吏。俗不可耐。時論故如此。其實真偉人、真名士。雖風塵擾擾中。其一種高懷雅致。斷斷乎有不容磨滅者。不然、韓歐文富諸公。出而宰郡。退而居鄉。山亭水榭。賓朋觴詠無虛日。果何故哉。夫巖棲谷游。最足益人神智。前賢所謂靜中養出端倪者也。蘇子嘗為余言。年來涸迹塵網。靈明天閼。惟清遊最為祓濯善法。坐深山中。。仰觀雲。。俯聽泉。。時而水流花放。。可觀天地生物意思。。時而萬籟俱寂。。可覘喜怒哀樂未發氣象。。而登高眺遠。。天空海闊。。鳶飛魚躍。。可悟活潑潑地光景。。噫、斯樓也。寬不過容膝。高不能凌雲。不雕不斲。風雨僅蔽。而蘇子遊賞所得乃如此。往余讀宋人詩集。有憶黃州。憶潁川山水諸篇什。而蘇子宰光澤時亦有寄寶山雲詩。流連睠顧。或疑詞溢乎情。而試從遊於茲樓。然後知才士固多情。抑名區勝槪有足以引人入勝者在也。壁間書蘇子卧雲樓記。有桺桺州、蘇文忠公風味。堂中龕祀名御史蔡梅巖先生。蓋舊常往來山中者。名山具味。名賢攸契。殆非今日然矣。樓中四時雲氣往來。春夏尤多。時卧於榻。時霖於疇。樓之命名。紀實耶。寓言耶。詢之蘇子。笑而不答。游者當自得之也。余既喜蘇子有古人風尚。而茲山茲樓。名且因之不朽也。於是浪疥數語壁間。庶微名亦附之以傳云。

附記四

逸雲

東寶之陽有石雲巖。巖居石下。雲觸石而生。四時有之。春尤滃鬱。故有東寶春雲之名。或曰、此寶氣也。光緒庚子年、逸雲讀書於此。嘯歌之餘。據案仰視巖上白雲來去。輒與目語。而與心相往還。雲與雲之作合始此。民國誕生。雲無心出岫。霖雨蒼生。徒欽欽在抱。辭書三上。乃得懸解。既抵里。挾數卷殘書。獨卧巖中。笑看閒雲舒卷。無異舊雨之重逢焉。巖西偏有樓。風雨剝蝕。傾圮後僅存遺址。蘇子初來時。即擬卜築。遲遲有待。至是始克成之。樓成。顔曰卧雲。噫、吾聞之矣。夫泰山之雲。不崇朝而雨天下。斯雲也。宜行不宜卧也。薄植如予。薄羅之秋雲也。亦既出岫矣。而未能為雨雨人。一邑猶病。遑言天下。則其卧一樓以終也不亦宜乎。且春雲、巖中之雲也。逸雲、亦巖中之雲也。同此巖。同此雲。其品格同。其臭味同。即其契合亦無不同。逸雲視春雲為契友。春雲亦當引逸雲為知音也。然則樓以卧雲名。逸雲卧耶。卧逸雲之雲耶。抑卧東寶之雲耶。超鴻濛。混希夷。蓋莫得而辨云。至斯樓之勝。臨流負峙。櫻寧亭居左。靈源泉居右。四時風景。人愛之矣。其最成獨契者惟雲與石。石形如笑。如笠。如屏。雲籠其間。石都欲活。屏者欲開。笠者欲飄。笑者欲擲。白衣蒼狗。不足以喻。凌晨起視。則白練橫鋪。遠近溪山廬舍。悉沒其中。一望無際。山居絕似海行。遂遇遊人。咫尺之間。僅聞其聲。不見其形。幾疑此身從天降也。若微風駘宕。孤雲片片。且穿牖登榻焉。雲亦幾幾乎卧矣。以卧引卧。以雲迷雲。逸雲乃蘧蘧然。栩栩然。不知其為周也蝶也。又烏知乎樓頭之風月哉。其卧也徐徐。其覺也于于。噫、舍東山之雲。吾其誰與歸。

蔡公閣。閣在卧雲樓左端。可通行。民國十三年募建。祀蔡御史梅巖。公之大節。略見黄石齋先生碣。及梅長公函。龕額曰、山高水長。聯云、行部張文紀。居鄉陳仲弓。左壁闢大窗。可供坐卧。額曰、想入非非處。聯云、乘興卽來游。吾輩當着幾兩屐。無事此静坐。先生不知何許人。右壁謄寫公上神宗熹宗三疏。暇輒誦之。

附石齋先生碣略云。方江陵敗時。諸顯人俱蹈藉快意。公時在雷陽。見其子在戍所備楚。為疏請寬卹。上十八日不下。中貴人傳旨詰問。事且不測。公坦然謂。吾自為聖明廣德耳。如欲炙手者。豈必雷霆之下乎。自公疏出。而後稍稍為江陵寛者。士大夫亦卒以是美談。……在粤中。戢瓊海諸酋。撫綏三饒。使嶺外晏然。凡粤中人鑿井上梁。輒誦公名以為鎮福。僕常過粤中。遇行人。無端皆稱龍巖來。則俱以蔡公故。天下亦多御史。行部不半載。何所離屬。百姓若此者。

公遒養十九年。間念粵民。出督海南學。俛旌騰歡。謂今日猶見蔡公。既轉參政。一日請告歸。粵人攀啼。舟膠不得發。粵人即甚醇。何獨為蔡公區區也。

附梅長公函略云。當江陵盛時。幾以觸忤得罪。及灰冷鳥散。其子且遠戍炎荒矣。又獨抗疏以排羣喙而呵護之。卒以此齟齬於時。私心竊嘆曰、此天人耶。安得當吾世而見之。及入粵。而始知老成典型固伊邇也。善乎谷風先生之言曰、江陵在事。。舉朝爭頌其功而不敢言其過。。及其既敗。。舉朝爭拾其過而不敢追其功。。皆非公論也。。孰知前此為利。。後此為名。。為名乃深於為利。。世間惟此一途。。最佔便宜。。故走者如騖。。而如翁台者。反見迂闊而遠事情。然世界若無此一種人。。則人心直道掃地盡矣。。

攖寧亭。　在寺左。民國七年。予與連子同建。亭據茲山之勝。眼界尤寬。亭外怪石森列。不可名狀。逸雲跋頟云。大宗師篇云。攖寧也者、攖而後成者也。南北構釁。攖矣。吾與連子築亭於斯。所謂世故攖擾。成吾大定者耶。亭成。因名焉。連仰山集句云。月出山更靜。。雲在意俱遲。。予集句云。雨過雲收腳。。峯高石似眉。。

梅巖（俗名石書室、在樓右。巖視龍井尤深。中可透光。舊鐫穿雲漏月四字。巖口古梅一本。傳蔡御史梅巖曾讀書其中。予與杜文崧甫倡議祀公于此。故改今名。巖外二巨石。面平。鐫公訓門生許宏綱語 。人能淡得名利二字。。何事不可為。。今之所謂淡者。。愈淡而愈濃。。愈趨而愈巧也。。爾與我當共戒之。。

青雲書院。 在寺前。久滲漏。經余重修。堂額曰敬業。鄉賢廖溶聯云。敬以攝心。。莫把賢傳聖經。。竟從口頭念過。。業在復性。。須將天德王道。。實向身上做來。。溶號漪園、蓋治閩學者也。。

石雲寺。 寺之建年月無考。明王司寇眷屬曾隱此。大約數百年古刹也。予捐金重修。里人連某舊有聯云。惟至誠可以前知。卜兆覺迷。東寶高懸雙筊石。非大德何能普濟。為霖敷澤。西天遙布五花雲。張牧廷球曾延元飛和尚。在寺開戒。寺固名古刹也。

尼姑塔。 塔式圓聳。叢葬者多。明社屋。相傳王司寇家人捨寺為尼。歿葬於此。墓碑均標王門某氏。語必不誣也。行人至此。不盡興亡之感。

半山亭。民國八年募建。自有此亭。樓寺亭塔。格外有致。門額曰、江山第一。延陵吳琚書。係予遊北固時搨來。落天下二字耳。聯云。古松風過宜琴和。遠岫雲歸當畫看。跋云。此虛舟先生題清音亭聯也。亭久荒。聯亦不可復見。斯亭成。亟錄諸壁。吉光片羽。不忍付之飄風也。予聯云。歸來雲腳穩。。老去石頭頑。。後嫌江山第一四字涉套。改曰、看雲歸岫亭。

葫蘆洞。　在寺右巔。約里許。洞外寬。中狹。僅可容身。內視外尤寬。恰肖葫蘆。故名。

石屏。　在筴石右側。平列如屏。旁有石山。天然刻露。不假雕琢。壁間鐫賁石二字。吳延英為王小樸題。小樸名之鋌。司寇命瑎長子也。明亡後。隱居於此。子思沂。赴粵勤王。為永曆右軍都督。石屏下尚有磚瓦。想見當時肥遯之風焉。

賁石廊。　在石屏側。民國八年建。廊前有地數弓。可蒔花木。來此靜坐。真令人有沖退之想。聯云、掬水月在手。烹茶鶴避煙。雖屬成語。懸此頗切。聯及額為瓊崖翁令桂清書。又筆山聯云。捫蘿防石滑。。倚鍤待泉生。。亦切合。

笠石。在筊石左。形如雨笠。清晨必有雲繞其上。雲脚齊則晴。否則雨。農人視此為晴雨計也。

思亭。在山麓。純用竹搆。先室林氏葬此。遇上山。必於此盤桓片時。亭額跋云。先室嘗偕隱山中。亡葬山麓。因築亭係思。然誦魏鄭公望昭陵之語。。吾媿矣。。亭旋圮。民國十五年。用磚石改建。題聯云。雨晦風瀟。。思君子兮未得見。。菊芳蘭秀。。懷佳人兮不能忘。。並另築灰礦。題墓碣云。三徑菊松容我老。。一樓風雨耐人思。。

附先室墓圖詩

痛憶長別時。寒衾悲獨宿。我徂東山居。葬君東山麓。樓居近君壠。豈云其吉卜。潮兒瘞君側。青燐夜課讀。。外姑瘞君旁。黃泉慰煢獨。。種梅取其芳。種柏愛其馥。好潔本天生。幽宮為重築。無計塞悲懷。。思亭翼然矗。。凡兹所經營。。但願朽無速。封樹年復年。。墓門已拱木。。嗟哉時事非。客久未能歸。祭掃雖無缺、瞻望徒依依。為君撮斯圖。展閱淚沾衣。宿草互莽蒼。。題碣亦依稀。。梅栢俱無有。。一塚對斜暉。。猿鶴啼空山。。孤雲片片飛。。伊人兮宛在。。搔首幾回譩。。吁嗟乎、同衾中道已乖離。。同穴此去更難期。。披圖忽念身前後。。春夜綿綿雨絲絲。。

附悼亡十二首　甲戌中元

鬱鬱埋香十四年。。凄凉往事渺如煙。。無端悵觸離鸞恨。。妒殺新秋月正圓。。

兩小相憐有夙因。嘗新簾裏暗窺人。好逑終竟諧琴瑟。翻笑陳思賦洛神。

讀書別業自年年。中饋烹調賴汝賢。都養來時眉暗鎖。。累他解下押簾錢（簾繫一錢、以便捲舒、）

諧談我許女東方。（先室諧語多可述）力作人稱小孟光。推食解衣無德色。慈悲真箇佛心腸。（先室好施予卒後鄰里稱之）

萱堂草萎椿陰在。視聽形聲費酌斟。三載晨昏權子職。多君獨得老人心。。（先考夜必洗足驅蚊捉蚤子婦八人必令先室為之）

一官亂世成雞肋。三載孤栖夜漏長。寂寂衙齋春色到。下陳不意有添香。
山海曾傳療妒經。惺惺自古惜惺惺。七年不聽歌江汜。相見毋須避尹邢。
並轡榕垣夢易醒。（三月遭政變）偶然發興叩山靈。湧泉（寺名）月下亭亭立。。訴盡幽情倩佛聽。。（是夕私治今猶記之）
八載沈疴一榻橫。百般藥物總無情。彌留執手無他語。猶自關心說母塋（外姑墳未合囑改葬）
東山一壟草離離。卧對曾無入夢時。（墓對卧雲樓）安得少君傳異術。姍姍倩影儻來遲。
再到名山孰與歡。（民十五重遊鼓山）遮回風物暗辛酸。枕衾依舊人何在。。百八鐘聲綺夢殘。。（是夜仍宿舊舍陳設如故感而不寐）
廿七年間恩愛深。宵聽孤雁起哀吟。。痴心欲問團圞月。。碧落黃泉何處尋。。
石門。在寺右。往袁石廊必經之路也。兩石拱立如門。維妙維肖。壁鐫衆妙二字。

放生池。在寺與書院之間。池雖不廣。而清泉洸洸。經冬不竭。紅白魚百餘尾。歷歷可數。投以餌。作爭唼狀。西湖玉泉小縮影也。

小石林。在櫻寧亭麓。怪石如林。故名。中有石徑。盤紆可上。遊亭者恆假道於此。取其曲也。

百頤墓。百頤者。五兄字也。張文襄在鄂。厲行新政。兄在漢陽兵工廠任測繪。為同寅所重。旋卒、葬武昌洪山。民國五年。予出京。繞道漢皋。拾骨歸。卜葬於看雲歸岫亭右。山勢雄壯。土亦厚。或云吉壤。予莫之知也。惟茲山有緣。外姑、八叔、五兄、先室、潮兒、均窀穸於此。每躑躅山中。輒有歌斯哭斯之感。

（二）題詠

錄舊志詩

筊笨石　　江藻

欲飲赤黃傍日斜。飄然袖拂萬松遮。上方磬挾雲生屐。。下界風翻雨作花。。圖裏真形函五嶽。。空中古徑覓三車。八功德水何年竭。。留與山靈浣落霞。。

東寶春雲　王源

東山何業笈。宛在翠屏風。晴光入户牖。麗景淩蒼穹。寶氣四時騰。。雷雨藏其中。。春雲沛作霖。潤澤裨天工

其二

山頂山根綴綠草。。滿山飛撲畫眉鳥。。朝暾欲上掛林梢。。宿鳥爭啼破春曉。。春曉晴霽無纖塵。春風駘宕吹片雲。片雲無心出空際。奇峯作意輝錦紋。我聞東寶山毓寶。下有銀砂結瑪瑙。春輝毋乃精氣騰。雲影將同寶光繞。奸人以利鑽要津。善人以義康保民。元氣不傷脈不鑿。。潤澤為雨沛為霖。東寶之峯何夭矯。。東寶之雲何縹渺。。右倚翠屏下龍湫。。萬里春陰現龍爪。。

其三　王有容

卷舒頻糺縵。紫氣在城東。幻化疑仙掌。珍藏憶禹宮。千疇含曉露。一片引春風。未許騷人賦。農家占歲豐。

其四　閔允嘉

春風澹蕩物爭華。雲影千層送曉霞。自是東山騰寶氣。相逢不必話銀沙。

其五　傅育德

東山寶氣日氤氳。頂上英英起白雲。最是春來殘月曉。祥開五色煥天文。

九日登玹石山　饒用

峭壁登臨望眼寬。況因佳節此追歡。徑緣苔滑常遲屐。山故風高預整冠。別業荒涼榛莽合。禪廚瀟灑石泉寒。就中有句虛舟好。未許閒題一例看。

上巳和左我菴遊東寶山步韻四首　連洋

一徑繁陰入翠微。古苔新綠上人衣。鐘沉竹院音尤迥。詩倣蘭亭蹟愈稀。法眼山川恣品隲。慧心花鳥悉依歸。盧陵太守流風遠。笑看雲霞破壁飛。

隨意山行不用招。竟忘祓禊是今朝。高吟難和從金野。谷趣平分過石橋。有恨棲遲鸞處棘。無心夢幻鹿藏蕉。松濤千疊鳴天籟。莫問竽吹與琴調。

勝概良晨景色嘉。一經題詠更堪誇。卧遊百里山中桂。坐惜三春上苑花。檜影太寒偏取鬧。鳥聲入碎亦嫌譁。歸來一水環城抱。高柳從他噪晚鴉。

追攀不及悵如何。瞥眼韶光總易過。姓字千秋題壁少。號啼八口誤人多。鶯花物外饒生趣。。雞犬山中釀太和。。敢謝衰慵賡白雪。步塵曳杖敢蹉跎。

東寶春雲　　連吉

山靈來自北。紫氣萃乎東。古木生新翠。朝霞依舊紅。雲飛起石上。岫聳接天中。景雲多奇彩。卿膺集化工。作霖潤時雨。施溥協仁風。藹藹春暉日。四方喜慶同。

錄今詩

東寶春雲　　杜芝山

閒倚東窗看曉雲、滿山浮靄自氤。氳嵐光繞樹風應斂。翠影侵階石有紋。院外松梅煙外立。塵中雞犬靜中聞。。名山管領誰為主。蔡閣蘇樓對日曛。

寄寶山雲　　逸雲

我與寶山雲。氣味久相親。一朝遠行役。雲山兩見瞋。在道寄新詩。慰藉話頗真。為言山中客。斷不久風塵。息壤猶在彼。忽宰杭之濱。無怪山靈怒。移文來頻頻。謂我嚇腐鼠。。我詎内熱人。。謂我志軒冕。。我亦陸沉身。。山靈幸相諒。私衷願一申。赤子將入井。置之太不仁。琴鶴歸來日。。重結未了因。。

憶東寶山卧雲樓 甲戌暮春

萬卷樓主人

一様溪山千粉本。。樓臺明滅雨晴天。。勝遊回首空惆悵。況憶良朋倍惘然。

魚覩濠濮談非我。石似筊笨任擲天。絲竹東山無所事。。南華讀罷只聽泉。。

讀書蔡子尋遺跡。袁石王公話避秦。一瓣心香投意味。獻文下筆每津津。

笠屾晨看雲釀雨。禪堂夜對佛談經。最是嚶寧風景好。。玲瓏八面月痕清。。

亂離八載事全非。等是欲歸未得歸。試向巖山翹首望。亂峯頭上亂雲飛。

萬卷樓主人以憶東寶山卧雲樓詩見示中有所感依韻答之

逸雲

垂老無家事等閒。何須搔首問青天。名山早分付塵刼。。乍讀新詩也黯然。。

依稀風景記當年。雲石般還別有天。兀坐危樓無箇事。書聲遙和澗中泉。。

山中有樹皆桃李。。座上無書不漢秦。。卧榻何修依蔡閣。。壁間三疏讀津津。。

為築長廊供袁石。平添横舍好傳經。最憐亭繞梅花夢。。冷豔芳魂一例清。。

人民城郭已全非。化鶴他年倘許歸。。猛憶故鄉山水好。。春雲何事不南飛。。

甲戌莫春之望逸哥以和友人懷東寶山卧雲樓詩見示次均奉呈斤政

漳江小石

過了清明春又暮。惱人連日雨風天。十年不作還家夢。一讀君詩忽爽然。

好水好山吾亦愛。海桑男子奈何天。故人莫道故鄉事。。晤歎惟應誦下泉。。

巖栖谷隱宜無罪。家有藏書律犯秦。浮海居夷師訓在。分明示我豫知津。

龍巖舊隱多漳士。我愛仙鄉兩度經。一變竟成豺虎窟。時無伯益莫望清。

我有我身說已非。矧茲傳舍究誰歸。請君書去問東寶。寄卧山雲飛不飛。

卧雲樓主人以詩索和依均答之

雨濤

大江縱跡曾經慣。孤嶼何期見洞天。為想幽人高隱處。。雲山繞屋意悠然。

等閒絲竹遣中年。陶寫幽情養性天。煑石卧雲信清事。。此身亦是在山泉。。

結廬不礙居人境。何必桃源始避秦。一卷南華容熟讀。。濠梁真賞即玄津。。

勞生苦被飢驅累。人海風波已飽經。一壑可專吾亦隱。懶開倦眼待河清。

潦倒風塵悔昨非。鷓鴣苦喚不如歸。扶搖欲借慚無力。萬里雲程已倦飛。

逸雲詞兄以東寶山臥雲樓詩見示依均奉答　稺雲

臥雲樓上安吟榻。鎮日神遊物外天。無計塞聰甯不醒。先生居意殆云然。

山中高臥不知年。鼓裏深藏不見天。斷絕塵囂真妙計。渾忘濁浪與清泉。

鯨吞蠶食無窮日。蹈海誰人不帝秦。東寶山中桃百樹。。何方可化武陵津。。

宣南旅邸曾談虎。驟聽驚疑事不經。十載重聞苛政論。更教變色夢難清。

密網誰分是與非。驚弓鳥盡覓林歸。臥雲安得樓千萬。。大被遊翎總倦飛。。

次韻寄呈逸雲兄即希吟正錄二首　方圓居士

臥雲樓外多佳境。蹤跡平生惜未經。為想主人蘇睡漢。客中同憶夢猶清。與君志事已都非。各有家山未忍歸。難得淞濱成小聚。又同勞燕感分飛。

鼓裏睡漢以答萬卷樓主人詩囑和即次其韻錄一首　託廬主人

玫环石畔佛燈明。七寶池中一水清。自是天然名古刹。引人出世有鐘聲。。

和憶臥雲樓元均錄四首　劍秋

舊時樽酒論文友。斷梗飄蓬各一天。泥爪不堪重記認。新詩愈讀愈愴然。

山中暫住記年年。風景依稀小洞天。市遠客來無別物。烹茶手自汲清泉。

閒居遍種桃千樹。恰似桃源好避秦。雲石無靈遭刦火。更從何處問迷津。

漫論昨是與今非。三徑荒蕪那得歸。為問東山高臥客。夢魂底事逐雲飛。

和憶臥雲樓五首步韻　逸民

千嶂閒雲常伴榻。萬章古木欲參天。自從亂後遊蹤絕。一憶名山一黯然。

巖雲嶺月近何似。千里烟塵障碧天。真是有家歸未得。可堪羈旅話林泉。

琴書湖海隨飄宕。枉有桃源莫避秦。何日太平尋舊跡。漁舟或許尚知津。

草堂冷落蛛絲鎖。松徑號呶鐵騎經。欲向山泉問消息。在山可似出山清。

迷途知返未全非。敢說無田便不歸。千里羽書頻報捷。鄉心遊興共遄飛。

憶臥雲樓五首依萬卷樓主人原韻　小漚

一角樓台縈短夢。千山雲樹望南天。干戈亂後今無主。風景依稀獨愴然。

小樓雲鎖忘寒暑。擁絮高眠六月天。偶遇客來話塵世。先教雙耳洗清泉。

山中衹看翻雲雨。山外甯知有漢秦。花落鳥栖渾不管。睡鄉猶自夢津津。

梁間巢燕銜雲補。水面浮魚解聽經。最憶黄昏僧飯罷。數聲疎磬入樓清。

自别山靈事事非。蹉跎湖海竟忘歸。心如在岫雲還冷。烏鵲無枝欲倦飛。

附制藝

天下惡乎定

無定天下之才者可於一問決之焉夫天下雖大自有定之之術襄王以惡乎定問君子已知其不足有為矣孟子述其意曰人言從合則楚王橫成則秦帝二者實居天下大勢自秦取巴蜀兼漢中楚之大勢已去天下之重獨在秦秦於是操大勢乘大機出入於腹心之地而無所忌嗚乎天下所由多故乎寡人私心望治竊願與叟縱談天下事焉今夫就梁而論天下已難定矣就五國而論天下愈難定矣就秦而論則天下尤不易定矣蓋梁之形勢故戰場也地四平諸侯四通條達幅輳無有名山大川之限從鄭至梁不過百里從陳至梁二百餘里馬馳人趨不待倦而至且南與楚境西與韓境北與趙境東與齊境卒戍四方守亭障者參列將與楚而不與齊則齊攻於東而梁惡乎定與齊而不與趙則趙攻於北而梁惡乎定不合於韓則韓攻於西不親於楚則楚攻於南而梁惡乎定此誠所謂四分五裂之道也夫梁既多外患即天下何能治安寡人之所以先就梁之國勢論之竊歎其定之難耳雖

然梁區區一國尚未足牽動天下大局也則與梁同近秦者韓也與秦絕遠者齊燕也處秦右臂者楚也介秦遠近之間者趙也五國中秦最強燕最弱韓次之齊則與趙埒使五國共相輯睦歲不加兵如是山東諸侯皆可高枕無憂而六國定矣六國既定則秦不能越韓魏以逞其欲而天下定矣乃為秦相割秦曾不出刀為秦相烹秦曾不出薪紛紛藉藉各負其謀以爭雄長是就五國之勢而論天下之定夫亦知其有愈難矣若秦虎狼國也秦一日不亡即天下一日不定將見敵伐楚以輕舟浮於汶乘夏水而下江五日而至郢以輕舟出於巴乘夏水下漢四日而至五渚矣定於何有代韓兵起乎少曲一日而斷太行兵起乎宜陽二日而莫不盡錄矣定於何有韓既不定則舉安邑塞女戟決滎口魏無大梁矣決白馬之口魏無濟陽矣決宿胥之口魏無虛頓邱矣由是齊之右壤必不安也趙之邯鄲必不保也燕之督亢雲中尤不能固也左縈右拂非盡亡天下之兵秦必不止於此而冀天下之定也不尤戛戛乎難哉噫寡人不敏甫蒞位說士張儀即以事秦之說進寡人不聽誠以國藉三世之基而稱東藩築帝宮受冠帶祠春秋效河外誠有國者之羞策士卑污何足深論叟固當世有心人熟暗大勢者也故敢長跽以請曰天下惡乎定。

吾欲觀於轉附朝儛一節

齊君昌言法古意在封禪也夫轉附諸境齊之名勝也景公因欲觀於比先王其果有法古之思歟曰昔先君桓公嘗有意封泰山禪梁父增七十二家紀錄之光卒以管敬仲之言而止寡人每深惜之今欲繼先君未成之志當法先王已行之典庶不徒馳觀域外以為子大夫羞間嘗披覽齊之輿圖勝境輿區不一而足而泰山則先王之迹寄焉自古受命帝王云云亭亭勒德頌功不知幾姓而玉檢金泥之册已無有存者吾其登泰山而嗣絕響乎寡人自慚涼德未能倣法先王臨淄之内嘉穀不生而蓬蒿藜莠茂遽欲修此曠典倘所謂無其德而用事者非耶寡人於此竊有所欲焉憶昔策士某某嘗告寡人曰齊十二險轉附朝儛其尤也無已命倌人敂駕掌舍設枑務親臨其境騁一時豪興而後快既而升高遠眺之罘成山出沒隱見若近若遠俯視武陵隱然如城郭為問鷹揚之遺烈猶有存焉者乎方太息間瞥見驚濤駭浪更相觸搏則又慨然曰我先公表東海之雄風者其是之謂歟於是舍車登舟候勁風揭百尺維長綃掛帆席望南而發聽其所止而休焉忽竽瑟之聲隱隱相聞比近岸則儼然一都會袂成幕汗成雨衽成幃六博蹴鞠者絡繹不絕進土人而問之則瑯邪

也轉附耶朝僊耶海耶瑯邪耶一命駕而全齊名勝皆有車轍馬迹焉噫觀止矣斯亦可以盡天下之大觀而無憾者矣然内多欲而外施仁義有國者所戒寡人是以獨居深念又穆然遐想夫先王之流風餘韻幾經歇絶矣一壞於共和再壞於烽火終壞于東遷百餘年間更三大壞欲問其遺事而故老皆無在者然嘗聞先大夫管氏曰昔周成王封泰山禪社首在所紀十二家之内吾想當日乘玉輅登時龍千乘雷動萬騎紛紜道路間當有騷然不靖者而祈招之詩不作於成康之世意者先王之所作為超出尋常萬萬固非持囿淫于觀已也閒嘗心向往之而有所未逮子大夫能從吾遊乎異者功成治定登泰山而侍清塵回視轉附朝僊諸境皆將一瞥小之矣噫牛山雪涕以來抑鬱誰語惟徜徉山水用以壯太嶽之靈昭代東封而後俎豆無光惟考訂儀文庶可列名堂之位吾何修而可比于先王觀也予幸示焉社稷之福矣

附錄

蘇逸雲詩文輯補

洪峻峰　輯

《蘇逸雲詩文輯補》收錄詩存一集、序文五篇、論文一篇。

《臥雲樓詩存》係蘇逸雲詩選，江煦編。二十世紀五十年代，旅居澳門的江煦為懷人思舊，輯許曉山《許徵君詩鈔》、蘇逸雲《臥雲樓詩存》、林爾嘉《頑石山房焚餘稿選》和李禧《香海集》，合編為《閩四家詩》，戊戌年（一九五八）在澳門印行。現據《閩四家詩》原版影印。

《蘇眇公〈眇公遺詩〉敍》作於丁亥年（一九四七）季冬，作者時在厦門。蘇眇公（一八八八—一九四三），原名郁文，字鑑亭，晚年自號眇公，以號行，福建海澄人。先後出任《閩南報》《厦聲報》《江聲報》等報編輯、總編輯和評論記者，歷任集美中學、厦門中學、大同中學教師。其詩集《眇公遺詩》二十世紀五十年代初在新加坡刊印。敍據原版抄錄。另據厦門市圖書館藏《眇公遺詩》手抄稿本，此敍末原有如下數語未刊：『《鷺門惆悵詞》，或病其綺。夫採蘭贈芍，尼父弗刪，風懷二百韻，朱竹垞弗忍棄，此先例也。於眇公乎何尤？或之見陋矣哉！』蓋因二十世紀五十年代初新加坡排印版未收錄眇公之《鷺江惆悵詞》。

《林遜之〈超廬題畫詩鈔〉序》作於己丑年（一九四九）秋，作者時居香港。林遜之（一八八〇—一九五三），原名鴻超，又名開敏，號超廬，以字行。福建永定人，係著名土樓振成樓樓主。參加辛亥革命，曾任民國第一届國會衆議院議員。後居香港，著有《超廬聯語憶錄》等。其詩集《超廬題畫詩鈔》一九四九年在香港刊印。序據原版抄錄。

《李禧〈夢梅花館詩鈔〉序》作於庚寅年（一九五〇）小滿前三日，作者時居香港。李禧（一八八三—一九六四），字繡伊，號小谷，福建厦門人，曾任思明修志局纂修、厦門大同中學教員、競存小學校長，厦門市圖書館館長，福建省文史研究館館員。其詩集《夢梅花館詩鈔》一九六三年在厦門刊印。

序據原版抄錄標點，原題《夢梅花仙館詩鈔〉序》。

《江煦〈草堂別集〉序》作於庚寅年（一九五〇）中秋前三日，作者時居香港。江煦（一八九五—？），原名啟漳，字仲春，號曉香，一作晴庵，福建海澄貞庵（今廈門海滄）人。先後在廈門英商集記、和記洋行及海關任職，入菽莊吟社，所編《鷺江名勝詩鈔》作為『菽莊叢書』第六種刊印。其詩文集《草堂別集》一九五四年刊於嶺南。序據原版抄錄標點。

《高登鯉〈燕隱集〉序》作於癸巳年（一九五三）初夏，作者時居馬來西亞檳城。高登鯉（一八六六—一九三一），字魚門，福建順昌人。民國元年（一九一二）任福建省民政司（廳）司長、教育司（廳）司長。曾任民國第一屆國會衆議院議員。其詩集《燕隱集》一九五三年在臺灣刊印。序據原版抄錄標點。

《廈門之新建設》一文原載於一九三三年出版之《星洲日報四週年紀念刊・新福建》，蘇逸雲時任廈門堤工處秘書。

洪峻峰識

二〇一八年一月

卧雲樓詩存

蘇逸雲　撰
江　煦　編

閩四家詩

卧雲樓詩存

蘇壽喬 逸雲龍巖人官光澤縣修龍巖志廈門志著臥雲樓筆記雜著海外文存讀左肊說南游詩草

老婦吟

老婦携孩泣於路倉皇下馬急問故婦言昔日家小康有廬有田畢嫁娶未幾夫死子游蕩癖愛芙蓉吞吐霧屈指歷年不過五房屋田園都易主青年弱媳慘去帷母去一孫又欲賈若敖之鬼今餒而泣請拘子痛鞭笞鞭臀未過百老婦淚交垂低頭頻搖手登堂復致詞妾身四十苦無嗣禱天祝佛生是兒使君重責冀知悔老婦對此痛心脾我聞此語發長歎老

婦何其癡從夫端在初嫁日教子當在甫生時有養無教事姑息覆家蕩產愛不移繼恩愛子本天性使君有母亦如斯兄弟八人姊有三劬勞不忍一撻為若將老母比老婦不同者教同者慈高堂萱草敷榮日曾無甘旨供庭幃今日服官思祿養風木蕭蕭恨已遲老婦有子蕩可惜使君無母悲不悲

次楊摶文韻

奔馳南北自年年遑問王前與士前老驥困鹽無棧戀春蠶作繭苦絲纏於今黍谷聞鄒律何日鄰江遇米船濁酒孤燈風雪夜懷人情緒奈何天

仲起將遊金陵修志示郭王二君送別詩依韵和之
垂老方爲客南都尚聚賢何人吹劍吷有集等匏堅
文獻千秋業鶯花二月天長江爭渡馬獅子正酣眠

和穉老八十自挽五首錄二

乙亥秋穉老年八十作詩自挽予意不謂然惟序
云相憐暮景固同此情緒也因徇其意奉和
元亮作輓歌歌罷奈愁何預凶雖非禮來日本無多
祝嘏詞應廢陽春調獨高詩人例有後玉樹正交柯
山木傳名語處身材不材胸中有丘壑眼底卽蓬萊
世事齊修短真人忘樂哀不亡死亦壽適去還適來

丁丑春將粵遊仲起作詩尼其行依韻奉答

識鑒誰如許子將欲憑片語决行藏贈無勺藥勺藥一名將離古者以之贈別剛修稧溱洧一詩爲修禊之權輿今方三月故云寄等當歸值杖鄉魚服漫游終有悔豬肝甚味累堪傷箇中動靜參應透占易何曾遇喪羊

離巖十一年丁丑春有思歸意仲起亦巖籍也賦詩志嘅依韻和之

登高望故山我老不得逸矗立雙雲根有人呼欲出纖兒壞家居保障遂乏術率土少安氓有生憤所切天心肯悔禍縈懷或可必我年欻平頭苟全亂世日

親知半凋零人事坐蕭瑟榮利靡所期饔飧幸無缺少年濟時志及今老無述晚得陳仲子還往適覯晤平生望益心交臂無敢失文字相娛嬉(用韓句)游戲絕爭逐載賡山木歌使我中心悅

小石老人以送春詩索和勉成四律

空山無壑可藏船負走寧知別有天帝子花飛淪上國王孫草長悵離筵揮戈難返將沉日感遇徒傷不舍川底事東風偏好弄強分春色到遼邊

徐徐臥也覺于于與古為徒道益孤自昔神龜寧曳尾祇今腐鼠嚇靈雛千秋風景常如此一例榮枯更

不殊我有我身遊物外何須瞿鵲問長梧
此去方知夏日威古今興廢一枰圍蒼茫大陸神龍
蟄寂寞紈干凍雀飛花謝上林猶有戀燕辭故主欲
何依河山錦繡渾無奈太息東皇力已微
吾亦欲東詎為誰久居鬱鬱再難遲因人碌碌固非
計擊節聲聲有所思谷口何來丞相印晉陽又拜契
丹旂劇憐稅駕終無處淒絕滔滔零雨詩

悼蔣小山

筱山工琴棋尤善畫家綦貧喜縱酒評劇曠達士
也庚午春訪予鼓嶼二月九日偕友過江未半而

逝仙乎為理喪畢因而自歎

蔣子以技鳴嚴中琴棋稱絕畫尤工家無長物心常足肘見踵決不知窮時吹洞簫時拂軫時敲棋子落燈紅餞眾草草飛花鳥將出換酒甑仍空室人交謫一笑去去觀劇辨商宮一年三百六十日惟茲數事相始終我眼閱人亦多矣落落塵寰無是公巖疆喪亂痛年年携琴槖筆來洞天藏有斗酒歡同醉笑聲礫礫出雲巔醉後登樓一揮手風吹仙樂聲冷然人間廣陵散欲絕渡江未半蜕委船生老病死一無苦如公灑脫何其仙我撫桐棺無怛化適來適去神

乃全我臨君穴悁悁悲非傷逝者行自憐君雖客死
尚有子孤死首丘我何如

和俊承元韻

懷人最是月明中一紙詩來意萬重翦燭高吟獅子
島卜居愛聽鶴山鐘春心偶向花前發道味端於老
去濃差幸登臨腰脚健孤烏處處有奇峰

和曉山題極樂寺壁韻

拾級鶴山頂天龍挾象飛林深疑作雨徑曲好藏暉
色色觀何有非非想入微同饒聽水趣小艇載儂歸

曉師題詩寺壁自署聽水翁鼓山聽水齋形小如汽艇海稱多梗因幻想及之

和鐵石元旦偶成元韻

深山改歲日舒長欲下漢書愛杜康悟道雌雄皆可守遊天内外不拘方逢人賀節沿唐俗到處賣凝笑世忙我坐寒厨如老衲空無四壁自堂皇

中秋山居夜飲和曉山見贈原韻

唱破家山月却圓秋宵對飲望南天啾啾島國逢親友處處狼煙况暮年抱缺甯輸叢裏盡回春羣許橘中仙吾儕沆瀣知何似雲海蒼茫不着邊附詩有夜光杯泛冰輪滿水調賡歌玉局仙尤見貼切

贈鐵石

古心古貌識君初壁有琳瑯架有書嶺外歸來劉鐵石（宋劉之器）不衰意氣較何如

久操筆政說光華瓜溯盧山是一家耿介不殊宋鳳閣（瓊初官鳳閣舍人）也曾清艷賦梅花

病起謝許徵君

不善飲冰因內熱南荒消渴病相如高陽世擅長桑術（高陽許道功以母病究極醫理徵君似之）却老言詩善起予（君處方之餘常賸以詩）

大隱懸壺慣住廛我從壺裏度殘年工醫自是有恒聖擇術寧非避世賢寂歷山川詩可壽通靈藥石命無權休言不死緣貞疾且喜蘇章有二天

祝許徵君金婚紀念

高陽酒徒亦詩徒專精醫事美且都醫人生死而肉骨施藥憐貧世所無仁心仁術感太和偕老齊賡帝天歌身康强兮孫逢吉木公金母足婆娑屈指金婚沿西俗肆筵肴酒旨且多有客不速一人來座皆佳士雜諧詼愧無長物可將意觀我朵頤亦快哉歸來忽忽有所思僕本恨人觸舊悲家藏銀杯久羽化公胡幸福四十年如一夜彭殤可齊不可齊人間爭羡藐姑射阿耨達中游泳鴛與鴦行當拈花頂禮金剛王

和曉山中秋書懷韻

悵望銀河氣未清南天怕見雁來橫八公山色渾無奈草木經秋有戰聲

和曉山中秋紀夢韻

窮老投荒日天涯數客星韶光閒裏過華髮暗中更率土成何世都人說共榮衰世無箇事好夢蘧蘧醒

中秋即事和震民韻

紛紛落葉掃秋風莽莽神州運正中幸有蔣倭（指蔣子女）能殺賊不教魏絳誤和戎成功至竟歸容忍無畏居然是大雄月未團圓（是日過雨）人意滿樓船橫海鎮京東

贈陶仁琳女士

南嶠軒然起大波，清流投濁奈愁何（夫查企唐死於日人）。詩家易代猶餘悔（初白晚號悔餘，企唐共齋也），悽絶南天黃鵠歌（陶嬰賦黃鵠歌見志）。

和俊承見贈元韻

倦眼維摩久息機，吟詩畫盡淺深眉。鷲峰法雨初輪轉，鹿野祥雲畫棟飛。祖國輸財回劫運，空王薦福報春暉。禪心偈語供陶寫，萬種塵緣一筆揮（君捐金十萬卽野苑建寺）。

陋齋自檳來訪偕宏船上人普覺寺夜話

之子來遠方，下車輒過訪。不見經三月，一見倐神王。欲訴別後情，未言心先悵。携手上南山，幽禽鳴兩兩。

方丈有良朋清言言彌暢一夕足千秋此會何可忘

三笑望廬山風雨期無恙

海外歸旋到廈修志孝師詩來問訊依韻奉和

歸從海外尚無田白首扶筇想息肩漫詡名山修絕

業萬般惆悵海雲邊

胸饒左癖說征西坐對名賢思與齊我憚為犧甘伏

處周郊斷尾有雄雞

竊鈎有罪呪侯門小雅詩人怨彼昏今古由來邱一

貉滄桑閱盡欲無言

蘆溝戰火自年年況復三年萁豆煎雲霧低垂羣籟

寂不堪萬事暮秋蟬

戲繡伊

臣心如水門如市唐喪口津價莫論一室周旋惟我我怪君何不學西村（呂西村作我我周旋圖）

戊子上巳遊萬石巖感賦

毒龍噓起滿天塵太患在吾自有身落盡桃花流盡水避秦何處問漁人（明張果亭巖口題問漁二字今已無存）

一水淙淙如許清蓼花（友云水入蓼花溪注入公園）溪暖語流鶯禪房不作遼西夢（時遼西戰事方殷）怕聽巖前砧杵聲（巖前洗衣人多）

居然此地烹功狗大木擎天氣尚横（成功字大木）巖內月明

定遠醉（庚寅中秋夜定遠侯鄭聯醉巖中明日成功幷其軍）未防鼓浪有長鯨（成功生時有騎鯨之異）

遊太平巖口占

石倘能言自能笑（巖口鐫石笑二字）當年高讀有書聲（成功讀書於此故又名高讀巖）橫流滄海騎鯨去世不太平心太平

幽憂訴佛佛無言法力枉教石獸蹲太息魴魚赬尾日幾時跋浪到空門

逋庵瘞骨處感賦

（鼓浪嶼雞母山麓明陳齊莫先生瘞骨處碣書逋庵旁書陳齊莫囑碑下有自注二字畏人知又欲人知心良苦矣感賦一絕）

蹇蹇孤忠骨久寒雞鳴風雨足長歎摩挲短碣成燈謎亡國逋臣死亦難

蘇眇公《眇公遺詩》敍

眇公者，畸人也。少富民族思想，烏石山同學時，心輒異之。閩光復，實躬與其役。彭壽松弄權，蔣黃事起，君主《群報》筆政，力肆抨擊。彭怒，下諸獄，蓋欲得而甘心也。獄中句云：『空庭負手送斜暉。』此何時也？此何地也？安閒若此！吴康齋詩曰：『試看風急天寒夜，誰是當門定脚人？』君之定脚，與溫公之蹈實，將毋同？丁亥冬，偶發興遊鷺門，君已歸道山，余亦垂垂欲老。繡伊學長出遺詩見視，並徵序。余受而讀之，不覺蹲蹲起舞。眇公詩學造詣之淺深，雖未敢斷定，而天懷曠邈，才氣兀奡，有不可一世之概，挈以例諸王萬古樓（曇樓名），恍惚似之，此則非阿好之論也。

丁亥季冬之月，同學弟蘇逸雲序於厦市圖書館

林遜之《超廬題畫詩鈔》序

王摩詰詩中有畫，超廬則畫中有詩。有畫者，以詩有林泉趣事也；有詩者，以畫有書卷氣也。超廬既以畫鳴矣，興之所至，藻繪之餘，恒賸以韻語，非詩中又有詩耶。汀郡昔有黄瘿瓢、華新羅，以書詩畫蜚聲國内外。超廬汀人也，書臨魏晉碑版，畫仿南宗，得其神妙，駸駸乎與黄華異曲同工。題畫之詩，超超元箸，恍讀瘿瓢《蛟湖詩鈔》。於以歎吾汀多奇士，精藝文者，固代有其人也。題畫詩將付梓，索序於予。或問曰：『超廬畫勝乎？詩勝乎？』予曰：『曾南豐詩非不工，特為文掩耳；超廬亦工詩，特為畫掩耳。』予於詩畫，均未窺其奥，究無聲之詩勝耶？有聲之詩勝耶？不敢强作解人，還當質之超廬。

己丑菊秋，蘇逸雲敍於香江

李禧《夢梅花館詩鈔》序

蘇眇公、李繡伊，烏石山同舍生也。蘇，狂者，李，狷者，而皆以詩鳴。蘇詩學龔定菴，李詩似黄仲則。眇公有句云：『天下文章在蘇李。』此雖狂者之言，其心折繡伊可知。蓋繡伊詩學，幼得諸母教，長秉諸庭訓，且性之所好，三十年來幾成詩癖。癖斯工，工斯傳矣。戊子冬，予來厦修市志，曾採其《禽言》及《鳴機課讀圖》詩，附雜録。繡伊情性中人，讀二詩可見，但此僅一臠之嘗耳。近喆嗣頌眉、仲眉，出其篋中所鈔詩稿，將付手民，索予序。予跫然，喜曰：由一臠而嘗全鼎，屠門大嚼，快意為何如耶。惟予尚有言者：眇公之詩，予既敍而未梓，同舍之責也。學友有為之鋟版者乎？予弗敢後。

庚寅小滿前三日，逸雲敍於九龍巢居室

江煦《草堂别集》序

江子仲春，吾友曉山氏高足也。相知而未得見。戊子因島報登吾友遺聞，展轉詢問，專返廈造訪，並贈鄉先生魏笛生手柬，以重其師者重余心焉藏之。庚寅重遊香島，貺我《鷺江名勝詩鈔》，復以《風月平分草堂詩文詞存》見眎，並委草弁言。予將圖南，悤悤卒業。計存文三十篇，詩百餘首，詞數十闋。詩詞多可誦，文尤有關世道人心。風雨如晦，雞鳴不已，贊歎為何如耶。夫天地間形形色色，可欣賞者何限。惟風之清月之朗，墨客詩人恒愛之。昔黃涪翁表周子胸懷清朗，曰光風霽月。江子以是名其堂，殆有志於斯乎。昔莞權政二十餘年，今則高蹈躬耕，其天懷固不可及。而即其尊師門、重友誼二端，亦超越世人萬萬，瞻文詞猶餘事耳。書將付梓，書數語歸之。

庚寅中秋前三日，臥雲居士蘇壽喬敍，年七十三

高登鯉《燕隱集》序

予之友魚門，始於諮議局。魚門任議長，每遇議案不能行，輒悲憤填膺，淚隨聲下。蓋心乎，為民者也。旋長民政，尤思有所作為。予贊襄之，凡所舉措，無非便民，宵旰憂勞，未遑作韻語。後當選國會，在衆院，予亦客都門，憂時憤俗，始稍稍作詩，亦僅偶爾酬答而已。丁卯以還，同仁星散，居長安久，生事益困。乃終日吟哦，歷數寒暑，積稿盈尺，懷抱蘊抑，悉以詩鳴。予居厦門，常以詩代柬，酬唱頻頻。詩之佳者，如《寄漢皋諸友》句云：『廿四史無今日亂，三千里隔故園春。』《贈隱士》云：『避地不嫌知己少，寡交端為閱人多。』《夢答鄉人》云：『九州有土無乾淨，十載何年不亂離。』可謂傷心人語。其寫景亦歷歷有致。如《過水口》云：『倒看山色江心月，遙送灘聲水面風。兩岸漁燈和晚唱，荒村破屋一冬烘。』身歷其地者方知其妙。暮年感喟遙深，尤覺不忍卒讀。如《不寐》云：『食貧為博閒居樂，長壽方知後死寃。』又云：『卅年癡夢今方覺，一世清操老豈貪。』五言如《謝人勸干祿》云：『除卻親師外，生平未折腰。』皆予所不能忘者。其待人誠摯，友於肫篤，尤為閩人所能道。對予父子之拳拳，無殊骨肉。魚門久歸道山矣！越廿餘年，介弟少航出其遺稿，付長兒小鷗為之整理。小鷗亦感烏屋之愛，未忍付諸飄風，乃計劃為其刊集。整編既成，索予為草弁言。予垂老多病，羈棲海外，久疏硯墨，惟就此老志行之芳潔及其詩之佳者，回憶所及，略綴數語歸之。昔人謂相如作賦也曰：『他人之賦，賦才也；長卿之賦，賦心也。』予於魚門之詩亦曰：『是詩心也。』如其人，如其人。質之當世以為何如。

癸巳初夏，臥雲居士蘇逸雲敍於檳城，時年七十有六

廈門之新建設

蘇逸雲

蘇逸雲福建龍巖人曾任光澤縣縣長衆議院祕書福建省立第九中學校校長現任廈門堤工處祕書通訊處廈門堤工處

廈門全市地勢

廈市三面瀕海，惟東部皆山，自太平巖分三支：西南行者爲澳嶺，高一百六十五尺，（以海關海潮表計算）。下濱沙坡尾。北行者爲蓼花山，高一百十六尺，止於蓼花溪。西行者爲醉仙巖，高三百五十六尺，近市諸山以此爲冠。再西爲碧山峯，高三百十二尺，更分二支：北迤爲虎溪巖，白鹿洞在焉，西迤鎮南山，高一百八十六尺，其下有鎮南關。稍過則爲麒麟山，高一百二十二尺；再過爲虎頭山，高一百六十七尺，盡於海。麒麟山南麓伸入廈門港，與鎮南山碧山澳嶺相環抱，市街錯列其中，思明縣署及法院在焉。——其地自成一部，僅藉鎮南關一路與內街通。——北出至青墓口，折而西經靈應殿同文書院廣東公會等處，倏起倏伏；一面瀕海，一面沿小走馬路大走馬路五崎頂而至石埕街竹仔街，一路漸低，與鎮南山北麓之石獅王街橋亭街霞溪仔通；中隔以甕菜湖。自虎溪岩西北行爲靖山，高九十四尺，自此越靖山頭街石路街入思明縣城，至西北門外復起數峯：有魁星山，高七十五尺，與蓼花山及自禾山來之美頭山妙釋山互相拱立，中成龍船河魁星河荷菴河鹽草河諸浸。更有數溪流經其間，滙斗涵頭出賀當港，而溪底淤積，下游居民不免稍受水患，此廈市區內地勢之狀況也。查舊市僻處西南隅，除低地山地池河外，其店屋面積僅三十三萬餘方丈，其局促可想；展拓而革新之，刻不容緩矣。

廈市建設，定爲兩時期；（自林司令民國十六年九月念六日就督辦職起至二十一年止爲第一期，二十二年起至二十六年止爲第二期。）第一期建設業經實現，第二期建設則尚在懸擬中也。茲分兩節詳述於下：

（一）廈門實現之新建設

廈市改革困難之點，約有五端：地價奇貴，收買難；籍民作梗，交涉難；街名崎頂，灣度叉多，施工難；上不支國帑，下不派民間，籌款難；規劃路線，動須遷就，實施計劃難。是談建設於廈門，實較他地爲尤難。但拿翁有言：「法國字典無難字」，畏難苟安，壯夫弗爲，經林督辦周會辦之慘淡經營，步驟調協，五年之間，遂實現偉大之建設。其建設種類計有十種，分述於下：

(甲)開拓新區　廈市原有面積既如上述，而因內地變亂之故，閩南西各縣人士多挈眷偕來，咸趨廈島，以爲樂土之適；逐年人口增加，据最近調查，全島居民總數已達一十七萬有奇，是每人所佔面積不及兩方丈。地狹人稠，穢氣薰蒸，常生疫癘，外人詆爲阿莫尼亞之商埠，滋可痛也！故欲改良廈市，必先闢新區；欲寬籌經費，必先闢良好之新區。茲將已闢之新區列表如下：

新區表

區別	原有地名	新拓面積	工作狀況	竣工時期
第一區	甕菜河	二一五〇方丈	塡河	民國十七年
第二區	外海灘	六五〇〇方丈	塡海	民國十九年
第三區	內海灘	九八五六方丈	塡海	民國二十年
第四區	鎭南關	四一七一方丈	開山	民國二十年
第五區	洗布河	一四三七方丈	開山塡河	民國二十年
第六區	大王塚	三二〇方丈	開山	民國十九年
第七區	破布山	一四七三方丈	開山	民國二十年
第八區	深田內	二四四二方丈	塡水田	民國十九年
第九區	深田外	一六〇〇方丈	塡低地	民國十九年
第十區	麒麟山	三二九三	整理山路	民國十九年
第十一區	虎頭山	一一〇二	整理山路	民國二十年
第十二區	白鶴嶺	四五二六	整理山路	民國二十年
第十三區	蜂巢山	五五二三	整理山路	民國二十年
第十四區	糞掃山	二〇五	整理山路	民國十九年
第十五區	美頭山	一八七八	整理山路	民國二十年
第十六區	後江埭	二七六四一	塡海	民國二十年
第十七區	虎溪岩一帶	三五〇〇	整理山路	民國二十年
第十八區	三峯山	一八九五	整理山路	民國十九年
第十九區	竈仔底	四九〇	塡低地	民國十八年
第二十區	大悲閣	八七二	塡水田	民國十八年
第二十一區	第一段堤岸	一五七九	塡海	民國十八年
第二十二區	第二段堤岸	一〇〇五	塡海	民國二十年
第二十三區	第三段堤岸	四一四二	塡海	民國十八年
第二十四區	第四段堤岸	一一六九五	塡海	民國二十年
第二十五區	先鋒營	四八三	開山	民國十七年
第二十六區	美仁宮	五六五	開山	民國十七年
第二十七區	廈門港	八三六	塡低地	民國十八年
第二十八區	西邊社	九一七	開山	民國十八年
第二十九區	福佑宮	三〇三		民國二十年
第三十區	龍船礁	二一九四	塡海	民國二十年

(乙)新闢馬路　闢區以資挹注，築路以利交通，二者缺一不可；而馬路復分市內市外兩種：

(一)市內馬路　市內路名七十有四，共長十六萬八千五百八十八尺。路之寬度不齊，最寬者九十尺，如虎園路是；次寬者七十尺，如鷺江道中山路是；最狹者十五尺至十二尺，如麒麟山路。是路面建築或用瀝青，或用洋灰，或用沙泥，或取馬加頓式。人行路或寬或狹，或有或無，均相地施之。其最感困難者，折卸舖屋，均照時價估計，一路之收買動輒數十萬，或十餘萬，以前此各幹路言之：中山路收買需三十四萬餘元，大同路十三萬餘元，廈禾路九萬餘元，思明南北路十二萬餘元，工程費尚不在內。締造之艱難，可見一斑。附表於下：

市內馬路表

新定名稱	起訖	長度	寬度	人行道寬度	路面建築	竣工時期
廈禾路中段	由浮嶼角至斗涵	三二九五尺	五〇尺	一〇尺	洋灰三合土	民國十六年
廈禾路東段	由斗涵至後江埭	四七一五尺	四〇尺	一〇尺	洋灰三合土	民國十六年
慈濟宮路	由西門至內海灘	一四四〇尺	二〇尺	六尺	泥沙路	民國十七年
公園東路	破布山至美仁宮	二九〇〇尺	二八尺	六尺	泥沙路	民國十七年
公園西路	竈仔底至溪岸街	一八〇〇尺	二〇尺	六尺	洋灰三合土	民國十七年
公園南路	司令部至破布山	一五〇〇尺	四二尺	六尺	洋灰三合土	民國十七年
厚生路	後江埭至將軍祠	一一〇〇尺	四〇尺	無	沙泥路	民國十七年
澤拱路	將軍祠至拱陽宮	四五〇尺	二〇尺	無	沙泥路	民國十七年
美仁路	第二市場四周	一一二〇尺	二〇尺	無	沙泥路	民國十七年
鷺江道海堤第一段	船塢至郵政局	一八四六尺	五〇尺	一〇尺	瀝青	民國十八年
中華路	司令部至橋亭街	八〇四尺	五〇尺	一〇尺	洋灰三合土	民國十八年
廈禾路西段	由浮嶼角至船塢	一八五〇尺	四〇尺	一〇尺	洋灰三合土	民國十八年
古城路	由南門城基至西門	一〇五〇尺	二〇尺	六尺	沙泥路	民國十八年
民國路	司令部至西門	七九〇尺	三六尺	八尺	洋灰三合土	民國十八年
思明東路	西門至甕菜河	一二五〇尺	三六尺	八尺	洋灰三合土	民國十八年
思明西路	甕菜河至局口街	二五〇尺	二六尺	八尺	洋灰三合土	民國十八年
思明南路上段	甕菜河至太師墓	四五〇〇尺	四二尺	一〇尺	洋灰三合土	民國十八年
思明北路	甕菜河至內海灘	二〇〇〇尺	四二尺	一〇尺	洋灰三合土	民國十八年
公園北路	洞賢宮至功德寺	一五二〇尺	三〇尺	六尺	洋灰三合土	民國十八年
民生路	打石字至、料船頭	一四〇〇尺	三〇尺	六尺	馬加頓路	民國十八年
大學路	料船頭至大學	二三四五尺	三〇尺	六尺	馬加頓路	民國十八年
安居路	武廟至樂俗路	六八〇尺	二〇尺	無	泥沙路	民國十八年
爭治路	深田內至深田外	一六九〇尺	二〇尺	無	泥沙路	民國十八年
樂俗路	藝花溪至白鶴嶺	一四七〇尺	三〇尺	無	洋灰三合土	民國十八年
藝花路	公園東路至萬壽宮	三七〇尺	二〇尺	無	洋灰三合土	民國十八年
成熙路	功德寺至東岳廟	六二〇尺	二〇尺	無	馬加頓路	民國十八年
芳華路	公園西路至公園北路	三〇〇尺	二〇尺	無	馬加頓路	民國十八年
海後路	郵政局至中山路	一四一五尺	三〇尺	八尺	洋灰三合土	民國十九年
同文路	中山路至同文書院	一五八二尺	二〇 三〇尺	八尺	洋灰三合土及瀝青	民國十九年

星洲日報四週年紀念刊新福建　乙三八

中山路	橋亭街至島美路頭	三一〇〇尺	五〇尺	一〇尺	洋灰三合土	民國十九年
碧山路	太師墓路至亞細亞公司碼頭	一二五一尺	三〇尺	八尺	瀝青	民國十九年
南普陀路	由大學至南普陀	二九〇〇尺	二〇尺	無	沙泥路	民國十九年
麒麟山路	東至思明南路南至壽山路西至虎頭山路北至洗布河	六五〇〇尺	一二至一五尺	無	洋灰三合土及沙泥路	民國十九年
大同路	由史巷至觀音亭	三六〇〇尺	三〇尺	八尺	洋灰三合土	民國十九年
賀鑾路	由浮嶼至斗涵濱海馬路	三二九五尺	四〇尺	一〇尺	沙泥路	民國十九年
浮涵路	由浮嶼至斗涵	三二九五尺	三〇尺	八尺	沙泥路	民國十九年
模範村馬路	全村幹路支路	六三五〇尺	二〇尺	無	洋灰三合土及沙泥路	民國十九年
後江埭	全段幹路支路	六四〇〇尺	三〇尺	無	沙泥路	民國十九年
鷺江海堤第三段	同文書院至亞細亞公司	二八五〇尺	五〇尺	一〇尺	瀝青	民國二十年
鷺江海堤第四段	亞細亞公司至電力公司	二九四七尺	五〇尺	一〇尺	瀝青	民國二十年
壽山路	由鎮南關至海壘寺	九三五尺	二〇尺	八尺	瀝青	民國二十年
蜂巢山路	思明南路通大學路	三七〇〇尺	三〇尺	無	沙泥路	民國二十年
虎頭山新區馬路	全山	一二〇〇尺	二〇尺一六尺	無	瀝青	民國二十年
宏漢路	由青墓口至灰窰角	一六二〇尺	四〇尺	八尺	瀝青	民國二十年
虎園路	由公園至虎溪岩	二七〇〇尺	七〇尺	一〇尺	瀝青	民國二十年
大中路	鎮邦路起至中山路	一〇五〇尺	三〇尺	八尺	瀝青	民國二十年
昇平路	鷺江道至大走馬路	一〇五〇尺	三〇尺	八尺	瀝青	民國二十年
泰安路	鎮邦街至大同路	六五〇尺	三〇尺	八尺	瀝青	民國二十年
思明南路下段	太師墓至南普陀	四七〇〇尺	四二尺	八尺	瀝青	民國二十年
太平路	民國路至虎園道止	二二五〇尺	三〇尺	六尺	瀝青	民國二十年
東海路	思明東路至內海灘	九〇〇尺	三〇二〇尺	八尺無	瀝青	民國二十年
榕林路	中山路至同文書院	一〇七〇尺	二〇尺	無	瀝青	民國二十年
天寶路	開元路至大同路	三五〇尺	二〇尺	無	瀝青	民國二十年
小康路	開元路起大同路止	三六〇尺	二〇尺	無		
鎮邦路	中山路至大同路	一一〇〇尺	三〇尺	八尺	瀝青	民國二十年
學園路	由大學經西山至公園	一二五〇〇尺	三〇尺	無	沙泥路	民國二十年
靖山路	由破布山至項大人	二七五〇尺	四〇尺	八尺	沙泥路	民國廿一年
嘉禾路	由水雞腿至邦坪尾	四四〇〇尺	九〇尺	無	沙泥路	民國廿一年
市禾路	由胡里山至文社	二一五〇〇尺	三〇尺	無	沙泥路	民國廿一年
虎頭山路	灰窰角至海壘寺	九三七尺	三〇尺	無	瀝青	民國二十年
鎗山路	海壘寺至碧山路	一一二六尺	三〇尺	無	洋灰三合土	民國二十年
長光路	中山路至同文路	二六四〇尺	二〇尺	八尺	洋灰三合土	民國十九年

橫竹路	廟橫街至開元路	三三五尺	三〇尺	八尺	民國二十年
大元路	賴厝埕至開元路	三四五尺	二〇尺	無	民國廿一年
港後路	港仔口至滲後灘	六〇〇尺	三〇尺	八尺	民國廿一年
斗西路	斗涵至公園西路	九〇九尺	三〇尺	八尺	民國二十年
涵洞路	斗涵至洞賢宮	四五〇尺	二〇 三〇尺	六尺 無	民國二十年
烘爐路	烘爐埕至公園西路	二七〇尺	二〇尺	六尺	民國二十年
廈門港市場四週		五四三尺	二〇尺	無	民國十九年
民國路東段	司令部至靖山頭	一二六四尺	三〇尺	六尺	民國廿一年
舊思明北路	打索埕至廈禾路	五八〇尺	三〇尺	八尺	民國十八年
故宮路	西門口至廈禾路	一四四〇尺	二〇尺	六尺	民國十七年
太山路	太山口至青龍宮	三四九尺	二〇尺	無	民國二十年
角尾路	浮嶼角至斗仔尾堤岸二馬路	三二九五尺	二四尺	六尺	民國二十年

(二)市外馬路　即禾山各路是也。禾山土質肥美，因交通不便，幾成甌脫，以大有爲之區，投諸無用之列，殊爲可惜！今全禾業經測量，該地以後埔爲中心點，南聯斗仔尾，北達五通，西臨白石頭炮台，展築至烏空圍，東出高崎湖蓮，則全禾幹路已具。各鄉復接以支路，脈絡貫通，發榮滋長，可立而待也。兹將已成之幹支各路表列於後：

市外馬路表

名稱	起訖	長度	寬度	竣工時期
江庵路	江頭至庵兜	一三五〇〇尺	二四尺	民國十六年
美江路	美仁宮至江頭	二五二〇〇尺	三〇尺	民國十六年
庵崎路	庵兜至高崎	一二五〇〇尺	三〇尺	民國十六年
安蓮路	安仁里至湖蓮	四五〇〇〇尺	二四尺	民國十六年
江橋路	江頭至橋頭	一〇八〇〇尺	二四尺	民國十六年
蓮山路	蓮板至洪山柄	一二八〇〇尺	二四尺	民國十六年
國辦路	鎮北關至曾厝垵	九七二〇尺	二四尺	民國十六年
枋鍾路	枋湖社至鍾宅	一二六五尺	二四尺	民國十七年
橋通路	橋頭至五通	一〇八〇〇尺	二四尺	民國十七年
洪埔路	洪山埔至前埔	七二〇〇尺	二四尺	民國十七年
江埔路	江頭至烏石埔	一八〇〇尺	一四尺	民國十七年
浦後路	烏石埔至后埔	五四〇〇尺	一四尺	民國十七年
浦紅路	后埔至紅赤崎	二七〇〇尺	一四尺	民國十七年
紅塞路	紅赤崎至塞上	三六〇〇尺	一四尺	民國十七年
紅湖路	紅赤崎至湖里	三六〇〇尺	一四尺	民國十七年
蔡薛路	蔡厝至薛厝	一八〇〇尺	一四尺	民國十七年
烏坪路	馬石埔至馬人坪	一八〇〇尺	一四尺	民國十七年
馬殿路	馬人坪至殿前	七五〇〇尺	一四尺	民國十七年
烏仙路	烏石埔至仙岳	四五〇〇尺	一四尺	民國十七年
江蔡路	江頭至蔡店		三〇尺	民國十九年
農埔路	農林試驗場至後埔		二四尺	民國十九年
江坪路	江頭至邦坪尾		三〇尺	民國二十年
曾何路	曾厝垵至何厝			民國二十年
吳寶路	吳村至寶山巖	一〇[illegible]〇尺	二四尺	民國二十年
茂洪路	茂后至洪濟山		二四尺	民國二十年
何埔路	何厝至埔前		二四尺	民國二十年
何通路	何厝至五通		二四尺	民國二十年

（丙）築堤　建築海隄，工程學者視為難事；況廈門潮水漲落相距二十餘尺，為世界罕有之奇觀，海邊軟土深達六十餘尺。堤綫自船塢訖電燈工廠，計一萬尺有奇，分四段建築，惟地質相差過遠，每距百尺，輙異其狀態，故各段設計因之而異；即每段之中，亦多差別。全堤工程費原定二百四十萬元，溝渠塡土及路面費既耗三分之一，是堤基每丈平均不過一千五百元；因第二段軟土最深，樁力不足，屢遭崩陷，此次包與荷蘭治港公司塡築，自磁街路頭迄媽祖宮路頭，計一千九百六十尺，工程費二百二十萬元，塡土築路尚不在內。以前每丈一千五百元，今則每尺須一千一百餘元，價格相差幾至八倍。現第一第三第四各段均由堤工處築成，即第二段工已過半，照約本年七月間可以蕆事。此堤一成，廈埠門戶頓改舊觀矣！

附全堤預算原表

項別＼長度＼工程費	長度	堤基堤身	土方	溝渠	碼頭	路面	公廁	合計
第一段堤岸	二〇六二尺	一六九五七八元	七二二〇五元	一四六七八元	二九四八五元	二六五五八元	四五一六元	三一七〇二〇元
第二段堤岸	一二九〇	二六九一二六	五五九六八	一六三八〇	一二二四三	未定	一二五一	三五四九六八
第三段堤岸	三六一〇	五〇〇三七〇	二〇二二三八	三五一九三	一五四〇〇	未定	五〇〇七	七五八二〇八
第四段堤岸	二九四七	三一七四三八	二七三四六〇	三五一五〇	一四〇〇〇	未定	二五〇三	六四二五五一

說明　表中數目根據十七年十一月之預算

（丁）公園　公園為美術結晶體，都市之靈魂，所係覘國之治化者，恆以此為標的。廈市絕少曠地以資遊息，建築公園實不容緩。中山公園現已告成，園廣袤二千零七十三公畝有半，買民舍二百四十五家，共費七十一萬餘元，悉由新區溢利項下撥充。遊新園者，均謂冠東南數省區，非過譽也。虎溪公園則就虎溪巖點綴而成，前年設處經營，規模畢具，論天然勝概，固不亞於中山公園也。若延平公園擬闢於鎮南關；太平公園則擬合太平巖中巖萬石巖為之；醉仙公園即在醉仙巖；洪濟公園即在雲頂巖。各園馬路雖已築成，而實際施工期諸異日。

（戊）碼頭　沿海碼頭計分三種：甲種四座，停泊火輪。乙種六座，停內地各小輪。丙種十八座，停電艇舢板。列表於下：

碼頭表

甲種地點	乙種地點	丙種地點
（一）龍船礁	（一）洪本部路頭	（一）廈禾路頭（已竣工）
（二）同文路頭	（二）典寶路頭	（二）典寶路頭（已竣工）
（三）壽山路頭	（三）打鐵路頭	（三）洪本部路頭
（四）碧山路頭（向亞細亞公司承購）	（四）開元路頭	（四）打鐵路頭（已竣工）
	（五）磁街路頭	（五）開元路頭（已竣工）
	（六）大同路頭	（六）磁街路頭（已竣工）
		（七）海關前
		（八）常關前
		（九）昇平路頭
		（十）中山路頭
		（十一）媽祖宮路頭
		（十二）同文路頭（已竣工）
		（十三）宏漢路頭（已竣工）
		（十四）虎頭山前（已竣工）
		（十五）壽山路頭（已竣工）
		（十六）碧山路頭（已竣工）
		（十七）魚行口路頭
		（十八）電燈公司前（已竣工）

（己）市場　文明國都市，恆多設市場，類別貨物，鬻於其中，為法最善。蓋保清潔，維消費，防欺詐，衞生杜弊，均於是乎在。廈市街道湫隘，肉菜橫列，腥臭逼人，身經其地者，必回憶其苦味，為之掩鼻而走。故改良市區，又宜先築市場。現全市計有九所，一洗從前惡習。

市場表

名稱	地點	竣工時期	名稱	地點	竣工時期
第一市場	中華路	民國十七年	第六市場	魚仔市	民國二十年
第二市場	美仁宮	民國十八年	第七市場	青龍宮	民國二十年
第三市場	廈門港	民國十八年	第八市場	鷺江道第一段	民國二十年
第四市場	思明北路	民國十九年	第九市場	惠靈宮	民國二十年
第五市場	思明南路後街	民國二十年			

（庚）公墓　廈市因闢區故遷墓以數十萬計，非廣建公墓，不足以資掩埋。胡里山第一公墓早經完成，並設處管理。其第二第三公墓則擬設邦坪尾田頭也。

（辛）公廁　廈門廁所最為需要，凡旅客來廈，對此問題，極感痛苦。余嘗謂：『公廁之建，較亟於公園。』非戲語也。現歸民產公司承建，全市僅建四十所；雖仍求過於供，要可暫圖救濟。列其等級地點於下：

公廁所

等級	地點				間數	附記
甲等	公園東路	廈門港	思明北路	思明南路	九間	甲等每間坑數二十五至三十
	碧山路	青龍宮	魚仔市	古城路		
	思明西路					
乙等	爭治路	大學路	后江埭	太平路	十六間	乙等每間坑數十五至二十
	大同路	宏漢路	靖山路	廈禾路東		
	內海灘東	民生路	洪本部	外海灘		
	南普陀路	大王塚	頂大人	靖山路北		
丙等	中山路	公園西路	先鋒營	慈濟宮路	十五間	丙等各間坑數六至十
	大元路	內海灘西	鏊花路	月眉池		
	壽彭路	惠靈宮	溪岸街	山仔頂		
	松樹脚	中正廟	大井脚			

附說　廈市店屋少有廁所，故原有糞坑糞窖計二百四十七處，今一律填平，建公廁四十間，除已竣工十五間外，其餘均限於最短期間告竣。

（壬）測量　建國大綱云「訓政時期籌備自治，須將全縣土地測量完竣」，足見測量地區實爲厚民生辦自治先決問題。林督辦商請省府令福建測量局派員測量全島，歷時近三年，用費達十餘萬元，其所得之結果如下：

項目	比例尺	竣工時期
全市地圖	二百四十分之一	民國十八年
全島地圖	一萬分之一	民國十八年
全島田畝圖	一千分之一	民國二十年

（癸）各種建築物　下列各建築物，均於此五年中建成，地多由公家撥給，款則由工程項下照撥。就中以農林試驗場開費墳鉅，購地，藝苗，築墻及經常費，總支出達十五萬元以上也。

各建築物表

名稱	地點	竣工時期	附記
火警鐘樓	公園西路	民國十七年	
警察教練所	公園南路	民國十七年	
衛生局	大悲閣	民國十八年	
電報局	鷺江二馬路	民國二十年	地由堤工處撥給款由交通部籌
養老院	廈禾路	民國十九年	
同善醫院	公園西路	民國十九年	款由同善堂出
中山醫院	宏漢路	外科醫室竣	款由募捐
博濟院	碧山巖	民國十九年	
屠獸場	外海灘	民國十七年	
拘留所	公安局內	民國十九年	
農林試驗場	洪山柄	民國十九年開辦	
殮尸場	厚生路	民國十九年	
公安第二署	內海灘		
公安第三署	農光路		
公安第四署	廈門港		

以上十類，皆第一期已成之新建設也。歷時五年有奇，支出工程收買費約二千六百餘萬，不可謂不鉅！市內本無款可籌，適遇前年南洋金價奇漲，華僑紛紛滙款購買地皮，故能成此偉舉。西哲以機緣爲成功之一大要素，此種機緣稍縱即逝，不其幸歟！至第二期縣擬之工程，讓於下節詳之。

（二）廈門縣擬之新建設

廈門已成之工程，多偏於市區方面，市外未遑顧及。本埠市外統名禾山。査禾山山地計有十六萬餘畝，田地計有十四萬餘畝，誠廈埠一大富源。因當事無整理之計劃，鄉民復狃目前之生活，貨棄於地，入盡憂貧，良可浩嘆！故欲爲廈民籌衣食之源，舍整理禾山，別無他法。其應行建設各端，有可得而言者：

（一）田畝宜求水利也。　吾國以農立國，所謂有土斯有財者是也。禾山土地已耕種者不及四分之一，童山荒田，曠野舉目皆是，論者惜之。惟廈山高聳，四面趨海，水勢就下，一瀉無餘，故全島之田失其灌溉。欲興農業，非先講求水利不可；講求水利，非謀蓄雨水泉水不可。其在高地，擬築壩以捍之；其在低地，擬鑿池以瀦之。查洪濟山為全廈最高之地，雙涵之水發源于此。應仿自來水水塘辦法，築塘蓄水，設備費假定一百萬元，可溉十萬畝旱田，每畝年收一元五角，可得十五萬元利息。設備費籌措，可分四種：

（甲）整理官地四萬畝，每畝售價八元，可得三十二萬元。

（乙）整理山地六萬畝，每畝售價四元，可得二十四萬元。

（丙）整理筼簹港五千畝，供養魚之用，每畝卅元，可得十五萬元。

（丁）發債券三十萬元，分四年攤還。

此種計劃果能實現，債券本息既可攤還，每年增加三百萬元之農產品，可操券而獲。

（二）山地宜速造林也　山地既有十六萬畝，擬將六萬畝售與民間造林，餘地由公家經營。預算如下表。

造林面積（單位畝）

年別／種別	赤松	相思	木麻黃	雜樹	合計
民國二十一年	一三一二·五	二三六二·五	一〇五〇	五二五	五二五〇
二十二年	一三一二·五	二三六二·五	一〇五〇	五二五	五二五〇
二十三年	一三一二·五	二三六二·五	一〇五〇	五二五	五二五〇
二十四年	一三一二·五	二三六二·五	一〇五〇	五二五	五二五〇
二十五年	一三一二·五	二三六二·五	一〇五〇	五二五	五二五〇
二十六年	一三一二·五	二三六二·五	一〇五〇	五二五	五二五〇
二十七年	一三一二·五	二三六二·五	一〇五〇	五二五	五二五〇
二十八年	一三一二·五	二三六二·五	一〇五〇	五二五	五二五〇
總計	一·〇五〇〇	一·八九〇〇	八四〇〇	四二〇〇	四·二〇〇〇

逐年造林八年之中共需面積四萬二千畝

造林苗數

年別／種別	赤松	相思	木麻黃	雜樹	合計
民國二十一年	三五·四三七五	六三·七八七五	一七·五三五〇	一四·一七五〇	一三〇·九三五〇
二十二年	四六·〇六八八	八二·九二三八	二二·七九五五	一八·四二七五	一七〇·二一五六
二十三年	四六·〇六八八	八二·九二三八	二二·七九五五	一八·四二七五	一七〇·二一五六
二十四年	四六·〇六八八	八二·九二三八	二二·七九五五	一八·四二七五	一七〇·二一五六
二十五年	四六·〇六八八	八二·九二三八	二二·七九五五	一八·四二七五	一七〇·二一五六
二十六年	四六·〇六八八	八二·九二三八	二二·七九五五	一八·四二七五	一七〇·二一五六
二十七年	四六·〇六八八	八二·九二三八	二二·七九五五	一八·四二七五	一七〇·二一五六
二十八年	四六·〇六八八	八二·九二三八	二二·七九五五	一八·四二七五	一七〇·二一五六
總計	三五七·九一九二	六四四·五五四一	一七七·一〇三五	一四三·一六七五	一三二二·三四四二

八年之中共植樹苗一千三百二十二萬三千四百四十二條

造林費

年別／種別	赤松	相思	木麻黃	雜樹	合計
民國二十一年	四七六〇	八五六八	六九〇九	一九〇四	二・二一四二
二十二年	六九四一	一・二四九五	九五八四	二七六六	三・一七九六
二十三年	八八〇五	一・四四三二	一・一〇七五	三二〇七	三・七五一九
二十四年	九八八一	一・四九五二	一・二五六六	三三二二	四・〇七二一
二十五年	一〇一七〇	一・六八八九	一・三四二七	三七五三	四・四二三九
二十六年	一・一二四六	一・七四〇九	一・三六五八	三八六八	四・六一八一
二十七年	一・一五三五	一・七九二五	一・三八八九	三九八四	四・七三三六
二十八年	一・二六一一	一・八四四八	一・四一二〇	四〇九九	四・九二七八
總計	七・五九四九	一二・一一一二	九・五二二八	二・六九一三	三一・九二一五

此項造林費，八年中共應支出三十一萬九千二百一十五元。

造林八年後，每年生息數如下表：

種別	出木材或炭	出炭頭	出枝葉	計	總畝數	總收入
赤松	三二七枝材		四・二〇〇斤	七一元	一三一二	九・三一五二
相思	二二七五斤炭	七五八斤		六二	三二六二	四・六四四四
木麻黃	三二一五斤炭	一〇七一斤		八四	一〇五〇	八・八二〇〇
雜樹	二二七五斤炭	七五八斤		六二	五二五	三・二五五〇

造林之利甚溥，茲就一年造林面積計，僅用山地五千二百四十九畝，經八年後年可收利三十六萬零三百四十六元；若將十萬畝山地全數種植，獲利照此類推。

至造林費所自出，亦已預爲籌及。按表每年造林費用約需四萬元。禾山既有田十五萬餘畝，水利既興，則盡屬可耕之田。查思明歷年繳財廳田賦總額僅五千元，茲擬一律徵賦，每畝四角，不爲不輕。仿南通州辦法，每年加繳財廳五千元，合計一萬元，尚餘五萬元，以之撥充造林費，實有盈無絀。

(三)環島馬路應貫通也。第一期禾山馬路，以江頭爲中心，籌噴射綫，五：正北達高崎，西北達蔡店，東達五通，東南達雲梯，正西則達厦禾，均已竣工。第二期擬將五綫端聯成一環形，全島交通自無扞格之患。茲將各路預算表列下：

各路預算表

路名	長度	工程費
飛雲路(飛機場至雲梯路)	二六七一丈	二二・〇五二元
雲通路(雲梯至五通)	二三九九丈	二八・七八八元
高鐘路(高林至鐘宅)	一八七四丈	二二・四八八元
鐘蓮路(鐘宅至蓮湖)	一八三七丈	二三・〇四四元

蓮竹路（蓮湖至竹林）	五四一丈	六・四九二元
竹湖路（竹林至湖裏）	一三九一丈	一六・六九二元
湖平路（湖裏至帮平尾）	一五八二丈	一八・九八四元
平烏路（帮平尾至烏石浦）	二一一〇丈	二五・三二一元

以上屬環島馬路、共約工程費大洋一七二、八六〇元

洪茂路（洪山柄至茂後）	二一〇六丈	一六・八四八元
洪浦路（洪山柄至後浦）	七二八丈	五・八二四元
侯鐘路（侯卿社至鐘宅）	一〇八三丈	八・六六四元
侯潘路（侯卿社至潘宅）	一一二二丈	八・九七六元
中蔡路（中嶺至蔡塘）	四八六丈	三・八八八元
土龍路（土坑至龍山亭）	四九二丈	三・九三六元
龍東路（龍山亭至東宅）	六四〇丈	五・一二〇元
河龍路（河邊社至龍山亭）	三五八丈	二・八六四元
黃蓮路（黃厝社至蓮山頭）	四二七丈	三・四一六元
安石路（安兜社至石頭皮）	八五六丈	六・八四八元

以上聯絡各社馬路、共約工程費大洋六六・三八四元

（四）海堤應展長也。 堤岸爲全市外觀，亦爲業務中心。本埠擬築「之」字形長堤，由胡里山經沙坡尾，廈門港，海後灘，沿龍船礁入篔簹港，斗涵頭水雞腿，以迄對岸帮坪尾，共約三萬六千尺。第一期築成者，僅廈門港至船塢一段，長一萬零六十尺，又成浮嶼角至斗涵一段，僅四千二百尺，施工尙未及半。第二期擬將全堤築成，因而劃分四區：胡里山至廈門港，爲漁業區域，廣大避風塢在焉；自廈門港至龍船礁爲商業區域，各碼頭棧橋在焉；自船塢至水雞腿，爲工業區域，將來漳泉帆船停泊於此；自官浔以迄帮坪尾，背山面海，坐北向南，最適民居，定爲住宅區域。——其西端海灘，卽船塢擬遷之地也。——漁業區域工程費約一百四十萬元，拓地二萬五千四百餘方丈，平均地價每方丈五十五元。住宅區域工程費約一百八十萬元，拓地八萬方丈，平均地價每方丈二十二元五角。地價低廉，出售自易，二年期間，當可告竣。如是則外觀有耀，而管子分區住民之法，亦於是乎在矣！

（五）市區應展拓也。 民十六以前，廈市面積僅三十三萬餘方丈，市民約八萬有奇。數年來，人口漲增，地區自應展拓。査第一期已拓地十三萬方丈，本期應拓至一百二十萬方丈。現由南普陀太平山迄文灶社之金榜山（卽養老院前）遍築馬路，爲市禾界綫。山高氣爽，風景絕佳，亦合住居之用。將來山路洞闢，可與香港太平山相埒。

至其他避風塢，公共浴場，蓄糞池，垃圾場，瘋癲院，工人宿舍，車夫宿舍，平民工場等，雖經指定地點，尙未動工，因費絀而止。此類建設，固無關於生利，而或爲漁民生命所關，或爲公共衞生所係，其宿舍工場，於平民勞動生活尤爲密切，均不可不尅期舉辦者也。

以上計劃，雖爲虛擬之詞，坐言要可起行。於改革之中，寓生利之法，務使全島生產力足供居民消費，生活程度自可低落，有恆產者有恆心，庶幾有都市之豐享，而無都市之弊害。研求民生主義者，盍共起圖之。

同文書庫・厦門文獻系列

第一輯

壹　小蘭雪堂詩集
貳　固哉叟詩集　寄傲山房詩鈔
叁　紅蘭館詩鈔
肆　寄傲山館詞稿　壺天吟
伍　林菽莊先生詩稿
陆　夢梅花館詩鈔
柒　寶瓠齋襍稿（外三種）
捌　甲子雜詩合刊　菲島雜詩　海外集
玖　稚華詩稿
拾　同聲集

第二輯

壹　賦月山房尺牘
貳　禾山詩鈔
叁　揮麈拾遺
肆　頑石山房筆記　紫燕金魚室筆記
伍　臥雲樓筆記
陆　止園詩集　鐵菴詩存
柒　陳丹初先生遺稿（外一種）
捌　繡鐵盦叢集　繡鐵盦聯話
玖　二菴手札
拾　虛白樓詩

同文書庫·厦門文獻系列

第三輯

壹 椽筆樓初集
貳 吳瑞甫家書（外一種）
叁 菽園贅談
肆 臥雲樓雜著
伍 曠劫集
陸 紅葉草堂筆記 感舊錄
柒 松柏長青館詩
捌 海天吟社詩存 鷺江乙組梅社吟草
玖 菽莊叢刻（外二種）
拾 近代七言絕句初續集